LA
CAGNOTTE

COMÉDIE-VAUDEVILLE EN CINQ ACTES

DE

MM. EUGÈNE LABICHE ET A. DELACOUR

Représentée pour la première fois sur le théâtre du Palais-Royal
le 22 février 1864.

NOUVELLE ÉDITION.

PARIS
E. DENTU, ÉDITEUR
LIBRAIRE DE LA SOCIÉTÉ DES GENS DE LETTRES
Palais-Royal, 17-19, Galerie d'Orléans

—

1884

PERSONNAGES

CHAMPBOURCY, rentier . . . . .MM. Geoffroy.
COLLADAN, riche fermier. . . . .   Brasseur.
GORDENBOIS, pharmacien. . . . .   Lhéritier.
SYLVAIN, fils de Colladan. . . . .   Lassouche.
FÉLIX RENAUDIER, jeune notaire. . .   Gaston.
BAUCANTIN, percepteur. . . . .   Kalekaire.
COCAREL. . . . .   René-Luguet.
RÉCHUT. . . . .   Pellerin.
LÉONIDA, sœur de Champbourcy. . . .Mmes Thierret.
BLANCHE, fille de Champbourcy . . . .   Damain.
BENJAMIN, garçon de café . . . . . . .MM. Fizelier.
JOSEPH, domestique de Cocarel. . . . .   Chambly.
TRICOCHE. épicier. . . . . ,   Félicien.
MADAME CHALAMEL, fruitière. . . . Mme Blanche.
DEUXIÈME GARÇON DE CAFÉ. . . .MM. Paul.
TROISIÈME GARÇON DE CAFÉ. .,. .   Mosny.
UN GARDIEN . . . .   Ferdinand.

De nos jours. Le premier acte, à la Ferté-sous-Jouarre. Les actes
suivants, à Paris.

S'adresser pour la mise en scène détaillée à M. Gurnée, régisseur
de la scène du théâtre du Palais-Royal, et pour la musique à
M. Victor Robillard, chef d'orchestre du théâtre

NOTA.—Toutes les indications sont prises de la gauche du spectateur.

LA
CAGNOTTE

ACTE PREMIER

A la Ferté-sous-Jouarre. Un salon de province. Portes au fond, à droite et à gauche. Tables, chaises, lampes, etc., cheminée premier plan à droite, table de jeu à gauche, guéridon à droite, chaises couvertes de housses, secrétaire, table, etc.

SCÈNE PREMIÈRE

CHAMPBOURCY, COLLADAN, CORDENBOIS, FÉLIX RE-NAUDIER, BAUCANTIN, LÉONIDA, BLANCHE.

Au lever du rideau, Champbourcy, Colladan, Cordenbois et Félix sont assis à gauche autour d'une table éclairée par une lampe et jouent à la bouillotte[*]. Blanche et Léonida sont assises à droite, auprès d'un guéridon éclairé par une lampe; elles travaillent. Baucantin occupe le milieu de la scène et lit un journal.

BLANCHE, à Léonida.

Ma tante, vous ne faites donc pas votre partie de bouillotte ce soir?

LÉONIDA.

J'attends que le quart d'heure soit fini...

FÉLIX, à Léonida.

C'est moi qui sors... Dans cinq minutes je vous cède la place.

BAUCANTIN, montrant le journal.

Parbleu! voilà une singulière annonce.

TOUS.

Quoi donc?

[*] Félix dos au public, Cordenbois en face, Champbourcy à gauche de la table, Colladan à droite, Baucantin au milieu, Léonida et Blanche au guéridon.

BAUCANTIN, lisant.

« Une demoiselle d'une beauté sévère, mais chez qui la
« majesté n'exclut pas la grâce, jouissant d'un revenu de
« cinq mille francs placé en obligations de chemin de fer,
« désire s'unir à un honnête homme, veuf ou garçon
« doué d'une santé robuste, d'un caractère gai et peu avancé
« en âge. On ne tient pas à la fortune. On consentirait à
« habiter une petite ville bien située. S'adresser, pour les
« renseignements, à M. X, rue Joubert, 55. — Affranchir. »

CHAMPBOURCY.

Ah! je la connais, cette annonce-là. Voilà plus de trois
ans que je la vois dans mon journal... (Aux joueurs.) Je passe!
(à part.) J'ai une dent qui me fait mal.

FÉLIX.

Je vois le jeu.

COLLADAN.

Moi aussi... qu'est-ce que vous faites?

FÉLIX.

Dix centimes.

COLLADAN.

Je file!

BAUCANTIN

Comprend-on qu'une femme s'affiche de la sorte au mé-
pris de toute pudeur...

LÉONIDA.

Mais je ne vois pas de mal à cela... Souvent une pauvre
femme végète oubliée dans un coin de la province... Dans
un autre coin respire peut-être ignoré l'être mélancolique
qui doit faire son bonheur... La publicité les rapproche.

CORDENBOIS.

On dit qu'il s'est fait de très-beaux mariages par le ca-
nal des *Petites Affiches*... quant à moi, qui suis garçon, ces
sortes d'annonces me font toujours rêver...

COLLADAN.

Laissez-moi donc! des bêtises!... quand on veut se marier... on se fréquente... oui, oui, on se fréquente... lorsque j'ai voulu épouser Madame Colladan, ma défunte... je
'ai fréquentée... et ferme!

CHAMPBOURCY.

Voyons! au jeu! au jeu! au jeu! Nous perdons notre
temps!

LÉONIDA, se levant.

Neuf heures un quart... mon tour est arrivé!

ACTE PREMIER

CORDENBOIS, à Léonida.

Laissez au moins finir le coup.

FÉLIX, cédant sa place avec empressement.

Non, Mademoiselle... je vous en prie...

(Léonida s'assied. * Blanche prend la place de Léonida et Félix celle de Blanche.)

CORDENBOIS.

Vous allez toujours être au jeu... c'est de la voracité?

LÉONIDA, avec aigreur.

M. Cordenbois!... Je ne prends pas votre place... soyez poli... si vous le pouvez...

CORDENBOIS, furieux.

Mademoiselle!

CHAMPBOURCY.

Voyons! la paix! vous êtes toujours à vous disputer... entre compère et commère...

LÉONIDA.

Ah! ouiche!

CHAMPBOURCY.

Souvenez-vous que vous avez tenu sur les fonts le fils du sonneur de Saint-Paul... notre paroisse...

COLLADAN, à Léonida.

Même que, ce jour-là, M. Cordenbois vous a fait cadeau d'une paire de boucles d'oreilles.

CORDENBOIS, vivement.

Ne parlons pas de ça... c'est à moi de donner... (Il donne les cartes.)

BLANCHE, à Félix.

Vous allez être un quart d'heure à vous ennuyer.

FÉLIX, bas.

Ah! Mademoiselle Blanche... les plus jolis quarts d'heure de mon existence sont ceux que je passe près de vous.

CHAMPBOURCY.

Je suis carré.

LÉONIDA.

Passe!

COLLADAN.

Passe!

CORDENBOIS.

Je tiens... parole au carré!

* Champbourcy, Léonida, Cordenbois et Colladan (à la table à gauche), Baucantin (au milieu), Blanche et Félix (au guéridon à droite).

CHAMPBOURCY.

Mon tout?

CORDENBOIS.

Qu'est-ce que vous avez?

CHAMPBOURCY, vivement.

Un brelan!

CORDENBOIS.

Alors je passe.

CHAMPBOURCY.

Comment?

CORDENBOIS.

Dam! je vous demande ce que vous avez d'argent devant vous, vous me répondez : j'ai un brelan... alors je passe. (On rit.)

CHAMPBOURCY.

Je ne trouve pas ça drôle !

LÉONIDA.

Blanche apporte la cagnotte.

COLLADAN.

Vous avez parlé trop vite... moi, quand j'ai un brelan, je serre les lèvres et j'ouvre le nez... comme ça...

LÉONIDA.

Alors, on s'en doute !

CORDENBOIS.

Arrosons toujours le brelan !

BLANCHE, se levant et apportant une tirelire en terre, posée sur le guéridon, qu'elle présente à chacun des joueurs.

Un sou?...

COLLADAN, mettant un sou dans la tirelire.

C'est ruineux, ce jeu-là.

BLANCHE, soupesant la tirelire et revenant à sa place.

Elle est joliment lourde.

FÉLIX.

Sans compter qu'il y en a trois autres toutes pleines...

COLLADAN.

Dam! depuis un an que nous fourrons des sous là-dedans!...

CHAMPBOURCY.

Ce n'est pas pour me vanter; mais je crois que j'ai eu là une heureuse idée...

CORDENBOIS.

C'est moi qui ai eu l'idée...

CHAMPBOURCY, se levant.

J'en demande pardon à M. Cordenbois, notre spirituel pharmacien... Vous nous avez proposé de fonder une cagnotte... c'est-à-dire de nous imposer d'un sou à chaque brelan.

CORDENBOIS.

Eh bien?

CHAMPBOURCY.

Oui ; mais dans quel but? Vous demandiez que la cagnotte fût dépouillée le samedi de chaque semaine et que le produit en fût consacré à des libations de vin chaud et de bichoff.

COLLADAN.

J'ai appuyé ça, moi...

CHAMPBOURCY.

D'abord, c'était vulgaire, vous transformiez ma maison en cabaret de bas étage.

CORDENBOIS.

Permettez...

LÉONIDA.

Et puis, c'était injuste... les dames ne boivent pas de liqueurs... Nous étions sacrifiées... comme toujours !

CHAMPBOURCY.

C'est alors que je me suis permis d'élargir, si je puis m'exprimer ainsi... les bases de votre projet... j'ai proposé de laisser accumuler les fonds de la cagnotte pendant un an afin d'avoir une somme plus considérable à dépenser... car enfin, supposons que nous ayons 200 francs.

TOUS, incrédules.

Oh !

CHAMPBOURCY.

C'est possible... nous allons le savoir tout à l'heure... à neuf heures et demie, nous procéderons au dépouillement. Supposons, dis-je, que nous ayons 200 francs...

COLLADAN.

Quelle noce !

CHAMPBOURCY.

Notre horizon s'agrandit... nous pouvons donner une fête digne de nous, et qui marque dans les fastes de la Ferté-sous-Jouarre.

LÉONIDA.

Voyons ! Jouons ! J'ai r...

CHAMPBOURCY, se levant.

Je n'ajouterai plus qu'un mot... et ce mot... sera un regret... nous regrettons que M. Baucantin, notre ingénieux receveur des contributions...

BAUCANTIN, quittant son journal.

Moi?

CHAMPBOURCY.

N'ait pas jugé à propos de partager nos jeux et de subir avec nous les caprices de la déesse aveugle.

BAUCANTIN.

Le jeu est incompatible avec les fonctions publiques

FÉLIX.

Oh ! par exemple !... Je suis notaire et cela ne m'empêche pas de faire ma partie.

BLANCHE.

Et papa est commandant des pompiers.

BAUCANTIN.

Ce n'est pas la même chose... Monsieur votre père n'est pas à proprement parler un fonctionnaire...

CHAMPBOURCY, se levant.

Comment! maïs qu'est-ce que je suis donc alors? Il me semble que j'ai fait assez pour mon pays pour qu'on ne me chicane pas sur mon titre !

BAUCANTIN.

Messieurs, loin de moi cette pensée...

CHAMPBOURCY, lui coupant la parole.

On paraît oublier bien vite que si la commune a une pompe... c'est moi qui l'en ai gratifiée !

COLLADAN.

C'est vrai! mais on ne s'en sert pas... Elle se rouille, votre pompe !

CHAMPBOURCY.

Ce n'est pas ma faute s'il n'y a pas d'incendie ! Je ne peux pourtant pas mettre le feu aux quatre coins de la ville...

LÉONIDA, frappant sur la table avec colère.

Ah ! çà, joue-t-on, oui ou non?

CHAMPBOURCY, se rasseyant.

Moi? je vous attends.

LÉONIDA.

Je vois...

COLLADAN, à part.

Je parie qu'elle a beau jeu. (Haut.) Je passe.

CORDENBOIS, à Champbourcy.

Votre lampe baisse.

CHAMPBOURCY, se levant.

C'est la mèche qui charbonne... pardon... voulez-vous me tenir le globe? (Il le donne à Cordenbois qui se lève aussi. Il prend le verre et le donne à Colladan qui se lève également, il arrange la mèche.) Je disais bien... la mèche charbonne. (Il reprend le verre à Colladan, le pose sur la lampe, même jeu pour le globe.) Pardon... Merci! (Tous trois se rasseoient.)

LÉONIDA.

Y sommes-nous enfin? Je vois...

COLLADAN.

Passe!

CORDENBOIS.

Passe!

CHAMPBOURCY.

Passe!

LÉONIDA, vivement.

Quatre sous! Je fais quatre sous!

CHAMPBOURCY.

Tout le monde a passé!

LÉONIDA.

C'est agréable! J'ai quarante en main. (Regardant les jeux qu'on a jetés sur la table.) Comment, M. Colladan... vous passez avec vingt et un et as?

COLLADAN.

Mademoiselle... Je ne respirais pas ce coup-là.

CHAMPBOURCY.

Avec vingt et un et as on risque deux sous.

CORDENBOIS.

Un fermier! un richard! fi! c'est de la carotte.

COLLADAN.

Quand on ne respire pas un coup...

LÉONIDA.

C'est à moi de faire. (Elle donne les cartes.)

COLLADAN.

Je suis carré... Parlez!

CORDENBOIS, à Champbourcy.

Votre lampe file!

CHAMPBOURCY, se levant.

C'est la mèche... (A Cordembois.) Prenez le globe... (A Colladan.) Vous le verre... (Même jeu que la première fois.)

1

COLLADAN, à part.

Il est embêtant avec sa lampe... J'aimerais mieux une chandelle.

CHAMPBOURCY, arrangeant sa lampe.

C'est la mèche qui charbonne... (Reprenant le verre.) Pardon... (Reprenant le globe.) Merci... (Tous trois se rasseoient.)

CORDENBOIS.

Voyons... jouons sérieusement. (Un domestique paraît au fond avec deux lettres.)

BLANCHE, se levant.

Ah! le courrier de Paris qui arrive. (Elle prend les deux lettres. Le domestique sort.) Une lettre pour ma tante, non affranchie. (Elle la lui remet.)

LÉONIDA, étonnée et se levant.

Pour moi?

BAUCANTIN, qui après ses derniers mots a gagné la cheminée.

Moi, les lettres non affranchies, je les refuse.

BLANCHE.

Et une pour M. Colladan. (Elle regagne sa place.)

LÉONIDA, à part, après avoir jeté les yeux sur l'adresse.

Cette écriture... Grand Dieu!... (Elle met vivement la lettre dans sa poche et vient se rasseoir.)

CHAMPBOURCY.

Qui est-ce qui t'écrit, ma sœur?

LÉONIDA, troublée.

Personne... c'est-à-dire si... ma marchande de modes... Voyons? à qui à parler?

COLLADAN, qui a mis ses bésicles et regarde sa lettre.

Ah! c'est de mon fils... de Sylvain... que j'ai mis à l'école de Grignon pour apprendre les malices de l'agriculture... Il voulait être photographe... alors, je lui ai fichu une gifle et je lui ai dit: Tu seras fermier... parce qu'un fermier...

CHAMPBOURCY.

Oui... nous savons ça... allons!... soyons au jeu!...

COLLADAN.

Attendez que je lise ma lettre...

CHAMPBOURCY.

Ah! saprelotte!

CORDENBOIS.

C'est insupportable!

COLLADAN, lisant.

« Mon cher papa, je vous écris pour vous dire qu'on est

« très-content de moi... j'ai eu de l'avancement... on m'a
« mis à l'étable... »

CHAMPBOURCY.

A l'étable... Ce sont des détails de famille... lisez tout
bas...

COLLADAN.

Si je lis haut, c'est pas pour vous, c'est pour moi... Tou-
tefois que je ne lis pas tout haut... je ne comprends pas ce
que je lis... (Continuant sa lettre à haute voix.) « A l'étable...
« mais, par exemple, je n'ai pas de chance, j'ai une vache
« malade... »

CORDENBOIS, à part.

Je n'aime pas à jouer la bouillotte comme çà ! (Il se lève et
se promène dans le fond.)

COLLADAN, lisant.

« Elle ne boit plus, elle ne mange plus, elle tousse,
« comme une pulmonie. » (Parlé en s'attendrissant.) Pauvre
bête ! elle s'aura enrhumée ! (Lisant.) « On croirait qu'elle
« va trépasser. » (Très-ému, passant la lettre à Champbourcy.)
Tenez !... continuez... ça me fait trop de peine !

CHAMPBOURCY, prenant la lettre.

Voyons !... du courage ! sacrebleu ! (Lisant.) « Quant à
« moi, je ne vas pas plus mal. (Parlé pour le consoler.) Là...
vous voyez... il ne va pas plus mal...

COLLADAN.

Oui, mais la vache !

CHAMPBOURCY, lisant.

« Nous labourons à mort pour faire les mars, il pleut...
« mais comme dit le proverbe :

« Pluie en février
« C'est du fumier.

COLLADAN.

Ah ! c'est bien vrai ! pluie en fumier c'est du février.
(Se reprenant.) C'est-à-dire...

CORDENBOIS.

Champbourcy ! dépêchons !... nous attendons...

CHAMPBOURCY.

C'est la fin. (Lisant.) « Je suis avec respect, votre fils
« respectueux qui vous prie de lui envoyer son mois tout
« de suite. »

TOUS.

Enfin !

LÉONIDA.

Voyons? y sommes-nous maintenant?

BLANCHE.

Papa, il est neuf heures et demie.

CORDENBOIS revient prendre sa place.

Le dernier tour !

CHAMPBOURCY.

Oui, le tour des décavés et vivement !
(A Colladan) : Parlez !

LÉONIDA.

Je passe !

COLLADAN.

Je passe !

CORDENBOIS.

Je vois... cinq sous...

CHAMPBOURCY.

Tenu. Six sous.

CORDENBOIS.

Sept !

COLLADAN.

Oh ! il va y avoir du massacre !

CHAMPBOURCY.

Huit !

CORDENBOIS.

Neuf !

CHAMPBOURCY.

Mon tout ! quinze sous !

CORDENBOIS.

Je tiens !

TOUS.

Oh !
(Blanche, Félix et Baucantin s'approchent vivement de la table.)

BAUCANTIN.

Je veux voir ce coup-là !

FÉLIX.

C'est le plus beau coup de l'année.

CHAMPBOURCY, abattant son jeu.

Brelan d'as !

CORDENBOIS, abattant le sien.

Brelan de huit... carré !

TOUS.

Oh !

CHAMPBOURCY.

Perdu ! (Se levant avec colère). C'est fait pour moi ! Je ne veux plus toucher aux cartes. Sans compter que j'ai une dent qui me fait mal !

BLANCHE, qui a été chercher la tirelire.

Arrosez !... deux brelans dont un carré.

C'est trois sous ! Tout le monde s'est levé.

COLLADAN *, à part, fouillant à sa poche.

Que d'argent, mon Dieu ! (Donnant de l'argent à Blanche.) Voilà !

BLANCHE, examinant.

Tiens ! un sou étranger... Non... c'est un bouton...

COLLADAN, la faisant taire.

Chut !... c'est une erreur... en voici un autre.

LÉONIDA, qui a posé les cartes et les jetons dans une boîte.

J'emporte la boîte.

CHAMPBOURCY.

Et surtout brûle les cartes ! Je ne veux plus jouer avec ces cartes-là.

COLLADAN.

Elles sont encore bonnes... elles ne poissent pas !

LÉONIDA, à part, tirant la lettre de sa poche.

Oh ! cette lettre... me brûle les mains... J'ai hâte de la lire ! (Elle entre à droite.)

SCÈNE II

Les mêmes, moins LÉONIDA **.

CHAMPBOURCY.

Maintenant, Messieurs... nous allons procéder au dépouillement de la cagnotte.

CORDENBOIS.

J'attendais ce jour avec impatience.

CHAMPBOURCY.

Blanche, donne-moi ta corbeille à ouvrage.

BLANCHE, là vidant sur le guéridon et l'apportant en y mettant un petit marteau.

Voilà, papa...

CHAMPBOURCY.

Maintenant, va nous chercher les trois autres tirelires.

* Colladan, Blanche, Léonida, Champbourcy, Cordenbois, Baucantin, Félix.

** Colladan, Champbourcy, Cordenbois, Baucantin près de la cheminée; Blanche et Félix près du guéridon, à oite.

FÉLIX, à Blanche.

C'est trop lourd ! je vais vous aider. (Il entre à droite avec Blanche.)

CHAMPBOURCY *; prenant le marteau.

Je ne connais qu'un moyen d'ouvrir la tirelire... C'est de la casser...

CORDENBOIS.

Cassons. !

COLLADAN.

C'est bête ! mais je suis ému...

CHAMPBOURCY prend le marteau et s'arrête.

Pristi ! que ma dent me fait mal ! (Il dépose la corbeille et le marteau sur la table de jeu)

COLLADAN.

Voulez-vous que je vous indique un remède ? Vous prenez une taupe vivante... une jeune taupe de quatre à cinq mois. (Tous trois ont quitté la table et prennent la scène.)

CHAMPBOURCY.

Mais comment voulez-vous que je reconnaisse ça ?

COLLADAN.

Ah ! ça vous regarde !

CORDENBOIS.

Prenez donc tout simplement ce soir, en vous couchant... une gorgée de lait que vous garderez toute la nuit dans la bouche, sans l'avaler.

CHAMPBOURCY,

Mais si je m'endors ?

CORDENBOIS.

Ça ne fait rien... dormez... seulement n'avalez pas.

BAUCANTIN **, debout, à la cheminée.

Pourquoi ne consultez-vous pas un médecin ?

CHAMPBOURCY.

Mais il n'y en a pas à la Ferté-sous-Jouarre... C'est le maréchal qui opère...

COLLADAN.

Il en est passé un il y a deux ans... avec un petit âne... Il vous nouait votre dent avec une ficelle qu'il attachait à la croupe de son âne... Il tirait un coup de pistolet... paf !... l'âne partait et vous étiez soulagé.

CORDENBOIS.

Un empirique !

* Colladan, Champbourcy, Cordenbois, Baucantin à la cheminée.
** Colladan, Champbourcy, Cordenbois, Baucantin.

COLLADAN

Il paraît qu'il avait la pratique de plusieurs grands personnages. (Ils se rapprochent tous trois de la table de jeu. Baucantin se tient un peu à l'écart.)

CHAMPBOURCY reprenant la tirelire et le marteau

Je casse... une ! deux ! trois ! (il brise la tirelire.)

COLLADAN

Oh ! que de sous !

CHAMPBOURCY

Que tout le monde s'y mette... Baucantin !

BAUCANTIN se rapprochant

Voilà !

(Ils entourent la table et se mettent à compter)

CHAMPBOURCY

Rangeons-les par piles de vingt sous.

CORDENBOIS comptant

Quatre, cinq.

COLLADAN

Six, sept, huit.

CHAMPBOURCY

Neuf, dix.. mais non ! trois, quatre... vous m'embrouillez, père Colladan.

COLLADAN

Je ne vous parle pas.

CHAMPBOURCY

Vous ne me parlez pas ; mais vous dites : sept, huit, ça me fait dire, neuf dix... je ne sais plus où j'en suis.

BAUCANTIN

Moi non plus !

CORDENBOIS

Recommençons. (Comptant.) Quatre, cinq,

COLLADAN

Six, sept, huit.

CHAMPBOURCY

Neuf... dix... Nous nous embrouillerons toujours. Comptons chacun de notre côté.. (Apercevant Blanche et Félix entrant de droite avec les tirelires) Tenez, père Colladan, voilà votre tirelire... entrez dans ma chambre.

CORDENBOIS prenant une des tirelires et Baucantin l'autre.

M. Baucantin et moi, nous passons dans votre cabinet.

BAUCANTIN

Et nous venons ensuite réunir nos comptes.

CHŒUR

AIR de M. Robillard.

TOUS

Puisque déjà l'heure s'avance
Ne perdons pas un seul moment!
Il faut aller dans le silence
Procéder au dépouillement.

(Colladan entre à gauche, et Cordenbois et Baucantin sortent par la droite avec la tirelire),

SCÈNE III

CHAMPBOURCY, BLANCHE, FÉLIX.

CHAMPBOURCY, assis, et comptant sur la table à jeu.

Deux... quatre... six...

BLANCHE, à Félix.

Papa est seul... profitez-en pour faire votre demande.

FÉLIX.

Comment! Ce soir?

BLANCHE.

Voilà trois jours que vous hésitez...

FÉLIX.

C'est que depuis trois jours il a ses élancements.

BLANCHE.

Aujourd'hui il va très-bien.

CHAMPBOURCY, joyeux.

Déjà quatre francs!...

BLANCHE.

Tenez... il rit... il est bien disposé... Allons! du courage!...
Je vais retrouver ma tante.

(Elle sort par le fond.)

SCÈNE IV

CHAMPBOURCY, FÉLIX.

FÉLIX, à part.

Je tremble comme un enfant... Est-ce ridicule! (Haut.)
M. Champbourcy...

CHAMPBOURCY, comptant sans l'écouter.

Douze, treize.

FÉLIX.

L'émotion de ma voix et le trouble que j'éprouve...

CHAMPBOURCY.

Allons! bon!... vous me parlez... Je ne sais plus où j'en suis...

FÉLIX.

Douze, treize.

CHAMPBOURCY.

C'est ça... Quatorze, quinze.

FÉLIX.

Doivent vous dire assez...

CHAMPBOURCY.

Aidez-moi un peu... çà ira plus vite...

FÉLIX, passant à la table face à Champbourcy.

Volontiers.

CHAMPBOURCY.

Par piles de vingt. (Comptant.) Dix-sept, dix-huit.

FÉLIX.

Monsieur Champbourcy... depuis quinze mois que j'ai le bonheur de connaître mademoiselle Blanche...

CHAMPBOURCY.

Comptez donc...

FÉLIX, prenant des sous et comptant.

Trois, quatre, cinq... Je n'ai pu rester insensible...

CHAMPBOURCY.

Un, deux...

FÉLIX.

Six, sept... Aux charmes de sa personne...

CHAMPBOURCY.

Trois, quatre.

FÉLIX.

C'est ce qui fait... huit, neuf. Qu'aujourd'hui... Dix, onze...

CHAMPBOURCY.

Sept, huit.

FÉLIX.

J'ai l'honneur de vous demander... douze, treize, quatorze... la main de mademoiselle votre fille.

CHAMPBOURCY.

Tiens, un bouton!... Déjà deux que je trouve.

FÉLIX, à part.

Il ne m'a pas entendu... (Haut.) J'ai l'honneur de vous demander la main de mademoiselle votre fille...

CHAMPBOURCY.

Attendez... Dix-huit, dix-neuf et vingt... une pile... Ça

fait sept... sept francs! (Recommençant à compter.) Mon cher
Monsieur Renaudier... trois, quatre... J'apprécie comme il
le mérite, l'honneur que vous voulez bien me faire.

FÉLIX.

Ah! Monsieur!

CHAMPBOURCY.

Où en étais-je?

FÉLIX.

Trois, quatre...

CHAMPBOURCY.

Cinq, six... votre demande m'honore... Sept, huit, neuf...
Je m'engage à la prendre en sérieuse considération...
Encore un bouton! Qui diable a flanqué tout cela?

FÉLIX.

Ce n'est pas moi, je vous prie de le croire.

CHAMPBOURCY.

Le mariage, jeune homme... c'est un bouton de paletot...
s'il a ses douceurs et ses joies... a aussi ses devoirs et ses
charges...

FÉLIX.

Je le sais... et croyez que toute ma vie...

CHAMPBOURCY, désignant les piles de sous.

Voyons... qu'est-ce que nous avons?

FÉLIX, s'asseyant.

J'ai d'abord mon étude...

CHAMPBOURCY.

Cinq ici et trois là, ça fait...

FÉLIX.

Quarante-cinq mille...

CHAMPBOURCY.

Comment... quarante-cinq mille?

FÉLIX.

Je l'ai payée çà...

CHAMPBOURCY.

Mon ami, vous me troublez... Je vous parle sous... et
vous me répondez dot... ça ne peut pas aller... (Remettant tous
les sous dans la corbeille.) Je vais compter tout ça dans la salle
à manger... (Il se lève.)

FÉLIX.

Mais du moins, puis-je espérer?...

CHAMPBOURCY, (emportant la corbeille et se dirigeant à droite.)

Sans doute... si ma fille vous aime... Mais qui est-ce qui
a fourré tous ces boutons là-dedans? (Il entre à droite.)

SCÈNE V

FÉLIX, LÉONIDA.

FÉLIX, ravi.

Oh! oui, elle m'aime!... elle ne me l'a pas dit... mais je ne lui ai pas demandé... (Apercevant Léonida qui entre par le fond.) Oh! la tante. (Saluant.) Mademoiselle...

LÉONIDA *, se promenant avec agitation.

Je ne m'étais pas trompée... c'est lui qui m'écrit...

FÉLIX, la suivant.

Je viens de causer avec monsieur votre frère...

LÉONIDA **, marchant toujours sans le voir.

A la première ligne... j'ai failli m'évanouir...

FÉLIX, à part.

Elle ne m'écoute pas... allons tout raconter à mademoiselle Blanche... elle m'écoutera, elle! (Il sort par le fond.)

LÉONIDA, seule.

Cet homme devient pressant... il m'invite à me trouver à Paris... demain soir à huit heures... Dois-je aller à ce rendez-vous? il y va de mon bonheur, peut-être... D'un autre côté, une pareille démarche... Oh! ma mère, inspire-moi! (Changeant de ton.) Tant pis! j'irai!... mais comment faire? comment préparer ce départ sans exciter les soupçons? et d'ailleurs, je ne puis partir seule... Comment décider mon frère à m'accompagner? Il faudrait lui avouer. (Avec force.) Oh! jamais!... jamais!... (Voyant entrer Blanche.) Ma nièce!... soyons calme!...

SCÈNE VI

LÉONIDA, BLANCHE ***.

BLANCHE, entrant.

Ah! ma tante! si tu savais comme je suis contente!

LÉONIDA.

En effet....

BLANCHE.

Monsieur Félix vient de demander ma main à papa... et papa lui a dit d'espérer....

* Léonida, Félix.
** Félix, Léonida.
*** Blanche, Léonida.

LÉONIDA.

Comment! tu aimes monsieur Félix?

BLANCHE.

Je crois que oui!...

LÉONIDA.

Ah! c'est singulier...

BLANCHE.

Pourquoi donc?

LÉONIDA.

Blond et notaire! c'est bien fadasse!

BLANCHE, étonnée.

Comment!

LÉONIDA.

Après ça, tu es blonde aussi... vous mènerez tous les deux une vie calme et sans orages... comme deux moutons qui paissent dans la même prairie.

BLANCHE, piquée.

Deux moutons! Monsieur Félix est un jeune homme charmant! très-spirituel! il vient d'avoir une idée délicieuse...

LÉONIDA.

Lui!

BLANCHE.

C'est d'employer l'argent de la cagnotte à donner un bal.

LÉONIDA.

Un bal! (A part.) Une idée blonde!

BLANCHE.

Demain... mardi-gras.

LÉONIDA.

Demain... (à part) c'est impossible!... mon rendez-vous!

BLANCHE.

Qu'est-ce que vous dites de cela?

LÉONIDA.

Certainement... (à part) si je pouvais... (haut) oui... l'idée d'un bal... c'est une idée gracieuse... J'en avais eu une autre... plus utile, peut-être... mais moins fraîche... moins sautillante...

BLANCHE.

Laquelle, ma tante?

LÉONIDA.

C'était de faire un voyage à Paris... Au moment de se marier, cela peut servir...

BLANCHE.

Vraiment...

LÉONIDA.

On regarde les boutiques, on visite les magasins au bras de son prétendu... on dit : Ah! le beau cachemire !... ah! le joli bracelet!... Dieu les belles dentelles! et on choisit tout doucement sa corbeille sans en avoir l'air.

BLANCHE.

Mais c'est que c'est vrai.

LÉONIDA.

Après ça, vous préférez un bal...

BLANCHE.

Pas du tout! j'aime bien mieux un voyage à Paris... je veux aller à-Paris...

LÉONIDA.

Tu veux... tu veux... cela dépend de ton père...

BLANCHE.

Oh! je le déciderai bien à partir!...

LÉONIDA.

Demain!

BLANCHE.

Le voici!... laissez-moi faire!

SCÈNE VII

Les Mêmes, CHAMPBOURCY.

CHAMPBOURCY *, entrant à droite avec sa corbeille de sous et un papier à la main.

Voilà qui est compté... ça m'a fait monter le sang à la tête...

BLANCHE.

Comme tu es rouge!

CHAMPBOURCY.

C'est mon mal de dent.... ça m'élance. Dzing! dzing!

BLANCHE.

Oh! pauvre petit père... ta joue est enflée...

LÉONIDA.

Je ne vois pas...

BLANCHE.

Oh! si, très-enflée.... A ta place, je sais bien ce que je ferais...

* Blanche, Champbourcy, Léonida.

CHAMPBOURCY.

Tu prendrais une jeune taupe vivante... mais c'est l'âge qui m'embarrasse.

BLANCHE.

Non... mais j'irais à Paris... consulter un dentiste...

LÉONIDA.

Oui... dès demain !... (A part.) Elle est très-forte pour une blonde.

CHAMPBOURCY.

Allons donc ! quelle plaisanterie !... un pareil voyage pour un mal de dent !

BLANCHE.

Oh ! deux petites heures en chemin de fer.

CHAMPBOURCY.

Enfin !... c'est une dépense...

BLANCHE.

Il y aurait peut-être un moyen de faire ce voyage sans qu'il t'en coutât rien.

CHAMPBOURCY.

Lequel ?

BLANCHE.

Dame ! Je ne sais pas moi... en cherchant... (Montrant la corbeille.) En voilà de l'argent.

CHAMPBOURCY, poussant un cri.

Ah ! mes enfants !... J'ai une idée !... si nous allions manger la cagnotte à Paris ? (Il pose la corbeille sur la table de jeu et reprend sa place.)

LÉONIDA.

C'est un trait de génie !... mais où vas-tu chercher tout cela ?

CHAMPBOURCY, se frappant le front.

Là... je suis organisé ! voilà tout !...

BLANCHE.

De cette façon, tu vois ton dentiste, nous parcourons les magasins...

LÉONIDA.

Je vais à mon rend...

CHAMPBOURCY.

Quoi !

LÉONIDA, se reprenant.

Nous visitons les monuments...

CHAMPBOURCY.

Le Panthéon, la Tour Saint-Jacques, Véfour, Véry...

BLANCHE.

Mais si les autres ne veulent pas...

CHAMPBOURCY.

Nous les y amènerons adroitement. (Bruit de voix au dehors.)
Les voici... Je m'en charge...

SCÈNE VIII

LES MÊMES, COLLADAN, CORDENBOIS, BAUCANTIN, puis
FÉLIX. (Ils entrent portant chacun un papier à la main.)

BAUCANTIN*, gravement.

Voici, Messieurs, en ce qui me concerne, le résultat du
dépouillement de la tirelire qui m'avait été confiée... son
contenu total était de 2,621 sous qui, convertis en francs
et centimes, donnent 131 francs et 5 centimes... je dois
ajouter, pour être complétement exact, que j'ai trouvé
quelques boutons mêlés à la monnaie...

CORDENBOIS.

Tiens! moi aussi!

CHAMPBOURCY.

Moi aussi!

BLANCHE, regardant Colladan.

Des boutons...

COLLADAN, vivement.

C'est quelqu'un qui s'aura trompé!

CORDENBOIS. (En annonçant leur résultat, ils remettent leurs papiers
à Baucantin.)

Moi, Messieurs, j'ai eu pour résultat 128 francs et 4 boutons!

CHAMPBOURCY.

Moi, 105 francs 5 centimes... et 9 boutons...

COLLADAN.

Moi, 127 francs, trois sous... et cinq centimes...

CHAMPBOURCY.

Et pas de boutons?

COLLADAN.

Pas de boutons... (Il remonte.)

CHAMPBOURCY, à part, avec méfiance.

C'est bien drôle!

* Blanche, Léonida, Colladan, Champbourcy. Baucantin, Cordenbois.

CORDENBOIS, regardant Colladan, à part.

Ça n'est pas clair*.

BAUCANTIN, qui a pris les quatre papiers.

Ce qui, en additionnant les résultats des quatre dépouillements partiels, donne comme total général.

TOUS.

Combien ?

BAUCANTIN

491 francs... 20 centimes...

TOUS.

Ah !...

BAUCANTIN.

Plus dix-huit boutons...

CHAMPBOURCY.

C'est une jolie cagnotte !

CORDENBOIS.

Magnifique !

COLLADAN.

Je la croyais plus grasse.

CORDENBOIS.

Dame ! sans les boutons...

CHAMPBOURCY.

Maintenant, Messieurs, le moment est arrivé où nous devons, après une mûre délibération, fixer l'emploi de la cagnotte.

TOUS.

Oui ! oui !

(Champbourcy prend le guéridon et le met au milieu du théâtre, Baucantin a pris la lampe et l'a posée sur la cheminée.)

FÉLIX, paraissant au fond.

Vous êtes en affaires ?

CHAMPBOURCY**, s'asseyant.

Entrez ! vous avez voix au chapitre... Asseyons-nous... la séance est ouverte... (Tous s'asseoient.) Je n'ai pas besoin de vous recommander le calme... la modération... souvenons-nous que la divergence des opinions n'exclut pas l'estime que l'on se doit entre gens... qui s'estiment (S'asseyant, à part.) Ma dent me fait mal !

* Blanche, Léonida, Cordenbois, Champbourcy, Baucantin, Colladan.

** Blanche, Félix (debout), Léonida, Cordenbois, Champbourcy, Baucantin, Colladan.

FÉLIX, à part.

Il est solennel, papa beau-père! (Il s'assied.)

CHAMPBOURCY.

Qui est-ce qui demande la parole?

CORDENBOIS ET COLLADAN, se levant ensemble.

Moi!

CHAMPBOURCY, bas à Baucantin.

Je crois que nous allons avoir une jolie séance. (Haut.) Pardon... qui est-ce qui l'a demandée le premier?

CORDENBOIS ET COLLADAN.

Moi!

CHAMPBOURCY.

Diable! voilà une difficulté qui se présente...

BAUCANTIN, à Champbourcy.

Ordinairement, dans les assemblées délibérantes, le plus jeune cède le pas au plus âgé...

CHAMPBOURCY.

Très-bien!... M. Cordenbois, vous avez la parole...

CORDENBOIS.

Permettez... M. Colladan est plus âgé que moi.

COLLADAN.

Moi! Ah! ben! Je suis votre cadet... vous êtes mon ancien... et de pas mal de pains de quatre livres encore!

CORDENBOIS.

C'est faux! je ne parlerai pas le premier. (Il s'asseoit.)

COLLADAN.

Moi non plus! (Il s'asseoit.)

CHAMPBOURCY.

Sapristi! moi qui comptais sur une discussion brillante... Voyons, Messieurs, pas d'entêtement!

CORDENBOIS, se levant.

Allons! Je veux bien parler... non, parce que je suis le plus âgé... mais parce que je suis le plus raisonnable...

BAUCANTIN.

Très-bien!

CORDENBOIS.

Messieurs, je serai court...

CHAMPBOURCY, avec grâce.

Nous le regretterons...

CORDENBOIS, saluant.

Ah!... Messieurs, nous nous trouvons à la tête d'une somme considérable, inespérée!... On attend de nous quelque chose de grand, qui frappe les masses... Je propose d'écrire à M. Chevet et de lui demander de nous envoyer une dinde truffée.

TOUS, murmurant.

Ah! ah!

CHAMPBOURCY, agitant une sonnette placée sur le guéridon.

Silence, Messieurs... vous répondrez... toutes les opinions... même les plus saugrenues...

CORDENBOIS

Hein?

CHAMPBOURCY

Ont le droit de se faire jour.

LÉONIDA

Moi, je m'oppose aux truffes... je n'en mange pas.

BLANCHE

Moi, non plus.

CHAMPBOURCY

J'ajouterai qu'elles me font mal!

COLLADAN

Je leur-z-y préfère les z'haricots...

CORDENBOIS

Permettez... Je persiste dans mon conclusum.

CHAMPBOURCY

Monsieur Colladan, vous avez la parole.

COLLADAN se levant

Hum!.. hum!.. Messieurs et Mesdames... il fait très beau... le pavé est bon pour les chevaux... je propose que nous allions tous demain à la foire de Crépy.

TOUS murmurant

Oh! oh!

LÉONIDA

Voilà autre chose!

CORDENBOIS

C'est idiot!

CHAMPBOURCY agitant sa sonnette

Messieurs... Messieurs... vous répondrez...

CORDENBOIS.

J'ai répondu.

COLLADAN

Quoi!... on voit des baraques... des serpents... des magiciens... et la femme qui pèse trois cents... on peut toucher... c'est amusant, ça.

FÉLIX se levant

Pardon... j'ai une autre proposition à faire...

BLANCHE, bas et vivement à Félix.

Ne parlez pas du bal.. c'est changé...

FÉLIX

Ah ! c'est...

CHAMPBOURCY

Monsieur Renaudier, vous avez la parole...

FÉLIX

Moi... c'est que... j'y renonce... (Il se rasseoit).

BAUCANTIN se levant

Quoiqu'étranger à la cagnotte, permettez-moi de faire une proposition qui ralliera, je l'espère, toutes les opinions...

CHAMPBOURCY

Parlez, monsieur Baucantin.

BAUCANTIN

La vertu, Messieurs, est la première qualité de la femme, il faut l'encourager... je propose donc de doter la jeune fille la plus vertueuse de la Ferté-sous-Jouarre.

TOUS murmurant

Oh ! oh !

CORDENBOIS

Une rosière.. j'aime mieux une dinde !

COLLADAN

Et moi la foire de Crépy.

CHAMPBOURCY se levant

Messieurs.

TOUS

Silence !.. Écoutez !

CHAMPBOURCY

La réunion se tenant chez moi... j'ai dû parler le dernier... mon tour est venu.. je réclame toute votre bienveillance...

TOUS

Très-bien ! Très-bien !

COLLADAN à part

Il a un fameux fil !

CHAMPBOURCY

Messieurs, Paris est la capitale du monde.. (à part, portant la main à sa joue.) Cristi ! ça m'élance ! (Haut.) C'est là qu'est le remède... (se reprenant) le rendez-vous des arts, de l'industrie et des plaisirs.. Je propose donc hardiment d'aller passer une journée à Paris.

LÉONIDA ET BLANCHE

Bravo !

COLLADAN

Permettez... je connais Paris... oui, oui... j'y suis passé il y a quarante et un ans en allant à Poissy...

CORDENBOIS.

Un voyage! ça ne se mange pas! On a dit qu'on mangerait la cagnotte... et il me semble qu'une dinde...

CHAMPBOURCY.

Mais vous ne pouvez pas m'obliger à manger des truffes qui m'incommodent!

CORDENBOIS. saluant.

Vous ne pouvez pas m'obliger à aller à Paris!

CHAMPBOURCY.

Cependant, si la majorité le décide?

CORDENBOIS.

Ah! si la majorité...

FÉLIX.

Eh! bien!... allons aux voix!

TOUS.

Aux voix! aux voix!

(Tous se lèvent excepté Blanche et Léonida.)

BAUCANTIN, mettant le guéridon à sa place.

Je m'offre comme président du bureau.

CHAMPBOURCY. *

Accepté!... Recueillez les votes. (Il lui donne un chapeau Chacun fait son bulletin et le met dans le chapeau.)

BLANCHE.

Moi, je ne vote pas.

LÉONIDA, à Félix.

Écrivez Paris.

FÉLIX, se mettant au bout de la table. **

Très-bien!

BAUCANTIN.

Personne ne réclame? Le scrutin est clos.

CHAMPBOURCY.

Dépouillez...

FÉLIX,

Moi, j'écris...

BAUCANTIN. tirant les bulletins du chapeau et les lisant d'une voix solennelle.

Une dinde truffée...

* Félix, Blanche, Léonida, Champbourcy, Cordenbois, Colladan, Baucantin.

Blanche, Léonida, Félix, Baucantin, Champbourcy, Cordenbois, Colladan.

CORDENBOIS.

Bravo !...

BAUCANTIN.

Silence! (Lisant) Paris... (à Félix)... Vous y êtes? (prenant un autre bulletin) Paris... foire de Crépy.

COLLADAN.

Très-bien !

BAUCANTIN.

Dernier bulletin... (Il secoue le chapeau, lisant) **Paris.**

TOUS.

Ah !

BAUCANTIN.

Silence! (Lisant gravement le papier que lui présente Félix). Résultat du dépouillement... Nombre des votants, cinq. Majorité absolue, trois.

COLLADAN, à part.

Comme il dépouille bien !

BAUCANTIN, lisant.

Trois Paris... une dinde et une foire... en conséquence, Paris ayant réuni la majorité des suffrages, il est décidé qu'on ira à Paris.

LÉONIDA, FÉLIX, CHAMBOURCY ET BLANCHE.

Bravo ! bravo ? *

CORDENBOIS.

Après ça, on n'y mange pas mal...

COLLADAN.

Nous irons voir la halle et les abattoirs... J'ons un cousin qu'abat !...

CHAMPBOURCY.

D'ailleurs, comme il est probable que nous ne dépenserons pas quatre cent quatre-vingt-onze francs vingt centimes en un jour, chacun aura le droit de faire une petite emplette avec l'argent de la cagnotte...

COLLADAN.

Tiens! j'ai besoin d'une pioche!... Je me paierai une pioche !

CORDENBOIS.

Moi, je caresse un projet.

CHAMPBOURCY.

Quoi?...

* Blanche, Félix, Léonida, Champbourcy, Cordenbois, Colladan, Baucantin.

CORDENBOIS.

Rien... une idée folle... mais je veux en essayer... (A part)
Le bonheur est peut-être là !

LÉONIDA, à part.

Je serai demain à mon rendez-vous !

BLANCHE.

Papa... La lampe s'éteint.

CHAMPBOURCY.*

C'est la mèche ! (à Cordenbois) Prenez le globe !

CORDENBOIS.

Non ! je vais me coucher...

TOUS remontant, excepté Blanche et Félix.

Allons nous coucher...

CHAMPBOURCY.

Nous partons demain par le premier train, à cinq heures
vingt-cinq... il faudra vous lever de bonne heure, Monsieur
le notaire...

BLANCHE, riant à Félix.

Qui est-ce que vous réveillera ?

FÉLIX, bas.

L'amour ! (A part) et mon portier.

TOUS.

A demain ! à demain !

(Sur l'ensemble, Champbourcy prend la lampe posée sur la table
de jeu, Léonida celle sur la cheminée, ils accompagnent Félix,
Colladan, Cordenbois et Baucantin jusqu'à la porte du fond).

ENSEMBLE

Air de M. Robillard.

Quelle existence fortunée
D'un prince, nous allons demain
Pouvoir, pendant une journée
A Paris, mener tous le train.

* Blanche, Félix, Champbourcy, Léonida, Cordenbois, Colladan,
Baucantin.

FIN DU PREMIER ACTE.

ACTE DEUXIÈME

Salle de restaurant, très-brillamment meublée. Portes au fond, à droite et à gauche et portes latérales, deuxième plan à droite et à gauche (le fond représente la montre bien garnie d'un restaurant). Tables, chaises).

SCÈNE PREMIÈRE

BENJAMIN, puis SYLVAIN.

BENJAMIN, rangeant.

Huit heures... je suis en avance... les déjeuners ne commencent pas avant onze heures.

SYLVAIN *, entrant timidement par le fond de droite et regardant les peintures.

Oh! non!... c'est trop beau ici.

BENJAMIN.

Que désire Monsieur?

SYLVAIN.

Un renseignement... Il faut vous dire qu'hier, au Casino, j'ai fait une connaissance... elle s'appelle Miranda... la Sensitive.

BENJAMIN.

Je connais!

SYLVAIN.

Ah!... elle m'a donné rendez-vous ici pour déjeuner...

BENJAMIN.

A huit heures du matin?

SYLVAIN.

Non... à dix heures et demie... mais je voudrais savoir avant si l'on peut déjeuner à deux dans un cabinet particulier, pour dix-sept francs... je n'ai que cela... si c'était plus... je la lâcherais.

* Benjamin, Sylvain.

BENJAMIN.

Dame! ça dépend de ce que vous prendrez...

SYLVAIN *, passant.

Ah! voilà!... vous avez l'air d'un bon garçon... indiquez-moi donc des petits plats pas cher....

BENJAMIN, à part.

Il est drôle ce monsieur. (Haut.) Nous avons le bœuf en vinaigrette.

SYLVAIN.

Excellent!

BENJAMIN

Le bifteack... les omelettes...

SYLVAIN

Il me faudrait un petit plat sucré... quelque chose de doux... dans des prix doux.

BENJAMIN

Voulez-vous des pruneaux?..

SYLVAIN

Oh!... farceur!

BENJAMIN

Tenez... il reste d'hier une tarte aux fraises.

SYLVAIN

Elle n'est pas entamée votre tarte?.

BENJAMIN

Oh! non!

SYLVAIN

Très-bien!.. je la retiens! (Tirant son porte-cigare.) Voulez-vous un cigare?

BENJAMIN

Volontiers! (Il en prend un et l'examine) Ah! ce sont des cigares d'un sou... merci! (Il le remet.)

SYLVAIN, s'asseyant à la table de gauche, premier plan, et voulant allumer son cigare

Vous aimez mieux les bons, vous?

BENJAMIN allant ranger la table de droite

Je ne fume que des londrès...

SYLVAIN

J'en fumerais bien aussi... mais c'est papa...

BENJAMIN

Ah! vous avez un père?

* Sylvain, Benjamin.

SYLVAIN

Le meilleur des hommes !.. mais une espèce de paysan
borné qui laboure à la Ferté-sous-Jouarre... n'a-t-il pas
eu l'idée de faire de moi un fermier !

BENJAMIN

C'est une noble profession.

SYLVAIN

Noble , mais salissante !.. moi, je voulais être photographe... on voit des femmes, papa n'a pas voulu... il m'a
envoyé à l'école de Grignon.

BENJAMIN

Pour apprendre l'agriculture ?

SYLVAIN

Oui, dans l'agriculture, moi, je ne comprends que la carotte... (Il se lève) Une fois arrivé là-bas, on m'a installé avec
les vaches, on m'a fait charrier du fumier... un tas de
choses malpropres... alors, au bout de trois jours... j'ai lâ-
ché... sans rien dire à papa.

BENJAMIN

Mais s'il apprenait !..

SYLVAIN

Oh ! je ne suis pas bête ! je lui écris tous les mois....je
vais à Grignon mettre ma lettre à la poste... et chercher les
cent francs qu'il m'envoie pour ma pension...

BENJAMIN

Cent francs !.. c'est sec !

SYLVAIN

Les premiers jours du mois, ça va encore...mais à partir
du cinq... je suis gêné.. aussi, je voudrais faire quelque
chose.. si je trouvais un petit commerce... Tiens ! une idée !
qu'est-ce que vous gagnez, vous ?

BENJAMIN rangeant à droite.

Ça dépend des pourboires... trois cents francs par mois
environ...

SYLVAIN

Mazette !.. je ne rougirais pas d'être garçon de café, moi !

BENJAMIN froissé.

Mais il n'y a pas de quoi rougir !

SYLVAIN

D'abord, on est toujours frisé... et puis on voit des
femmes !

BENJAMIN en scène

Oui, mais c'est bien excitant,

SYLVAIN

Ça m'est égal... dites donc, mon petit... comment vous appelez-vous ?

BENJAMIN

Benjamin.

SYLVAIN

Eh ! bien, si tu entendais parler qu'on ait besoin d'un jeune homme... pense à moi !..

BENJAMIN, à part.

Il me tutoie !... (Haut.) Sois tranquille !

SYLVAIN, remontant.

Comme ça, je peux marcher avec mes dix-sept francs...

BENJAMIN.

Parfaitement.

SYLVAIN.

Alors retiens-moi un cabinet...

BENJAMIN, lui indiquant la gauche.

Le petit 4... sur le boulevard...

SYLVAIN.

Et si je n'étais pas arrivé quand Miranda viendra... tu la ferais monter par l'escalier réservé.

BENJAMIN.

Très-bien... ne t'en occupe pas.

SYLVAIN.

Tu viendras prendre le café avec nous. (Lui donnant une poignée de main.) Adieu ! (Il sort, par le fond, à droite.)

BENJAMIN.

Adieu ?

SCENE II

BENJAMIN, DEUXIÈME GARÇON.

BENJAMIN, seul.

A la bonne heure ! voilà un fils de famille qui n'est pas fier... et si je peux lui trouver une place... (Bruits confus au dehors, on entend crier : arrêtez, arrêtez.) Qu'est-ce qu'il y a donc sur le boulevard ?

DEUXIÈME GARÇON*, entrant par le fond.

C'est un filou qui se sauve !

BENJAMIN.

Un filou !

* Le garçon, Benjamin.

DEUXIÈME GARÇON.

Il paraît qu'il a fourré la main dans la poche d'un monsieur qui regardait les gravures... le monsieur a crié... et le voleur a pris ses jambes à son cou. (Il entre à gauche.)

BENJAMIN.

Tiens ! une société.

SCÈNE III

BENJAMIN, CHAMPBOURCY, COLLADAN, CORDENBOIS, LÉONIDA, BLANCHE*, avec des sacs de nuit et des petits cartons.

COLLADAN.

Eh bien ! ie ne suis pas fâché d'avoir vu ça... je n'avais jamais vu de voleur... ça ressemble à tout le monde.

LÉONIDA.

Mais courait-il ! courait-il !

CHAMPBOURCY.

Il a passé tout près de moi... en étendant la main, j'aurais pu l'arrêter.

CORDENBOIS.

Il fallait le faire...

CHAMPBOURCY.

Moi ! ça ne me regarde pas !... nous ne sommes pas venus à Paris pour ça... sans compter qu'on peut recevoir un mauvais coup. (Apercevait Benjamin.) Ah ! garçon !...

BENJAMIN ***.

Monsieur !

CHAMPBOURCY.

Peut-on déjeuner ?

BENJAMIN.

Quand ça ?

COLLADAN.

Eh bien ! tout de suite ! je meurs de faim...

BENJAMIN.

Certainement, Monsieur... si vous désirez un cabinet ?

TOUS, choqués et remontant.

Hein ?

---

* Cordenbois, Colladan, Champbourcy, Léonida, Blanche, Benjamin.

** Cordenbois, Colladan, Benjamin, Champbourcy, Léonida, Blanche

LÉONIDA, près la première table, à droite, avec Blanche.

Pour qui nous prenez-vous!... Gardez vos cabinets pour vos lorettes!

CHAMPBOURCY,

Très-bien, ma sœur !

BENJAMIN.

Ne vous fâchez pas... je vais chercher la carte du jour... 'A part.) Des gens qui ont faim avant midi... ça vient du Berry ou de la Champagne. (Il entre à droite, Champbourcy dépose son parapluie sur une table à gauche, tandis que les autres envahissent les autres tables avec leurs paquets, celui de Colladan est enveloppé dans un mouchoir de couleur. Léonida pose ses paquets sur la première table, à droite.)

CHAMPBOURCY.

C'est ça !... installons-nous...

COLLADAN, montrant son paquet.

Moi, j'ai emporté une paire de souliers.

CHAMPBOURCY.

Nous ferons de ce restaurant notre quartier-général... si nous y sommes bien, nous y viendrons dîner. (Ils reviennent en scène.)

CORDENBOIS *.

Du tout! du tout! je propose Véfour...

CHAMPBOURCY.

C'est bien ! nous irons aux voix !

BLANCHE.

Comprend-on M. Félix qui manque le chemin de fer ?...

COLLADAN.

Je m'en doutais... parce que les notaires... ça n'est pas du matin.

LÉONIDA.

Je suis lasse. Asseyons-nous.

(Elle s'assied ainsi que Blanche.)

CHAMPBOURCY.

Déjà ! nous n'avons encore rien vu...

CORDENBOIS.

A qui la faute ? nous partons pour voir les monuments et vous nous menez chez votre dentiste... Monsieur fait ses courses !

CHAMPBOURCY.

M. Cordenbois, vous êtes amer... Je ne vous souhaite pas

* Colladan, Cordenbois, Champbourcy, Léonida et Blanche à la table de droite premier plan.

de mal... mais si le hasard voulait que vous vous cassassiez un bras... je m'estimerais fort heureux, moi, de vous conduire chez un médecin... je ne regretterais pas la course.

COLLADAN, à part.

Bien tapé! (Haut.) Au moins vous a-t-il soulagé, votre *arracheux?*

CHAMBOURCY.

Oh! tout de suite! il m'a brûlé un petit nerf de la gencive... ça ne m'a pas soulagé... alors il m'a extirpé ma dent... ça m'a coûté dix francs!... je les ai pris sur la cagnotte...

CORDENBOIS.

Dix francs!... C'est roide!

BENJAMIN *, rentrant avec une carte encadrée.

Voici la carte du jour...

TOUS.

Ah!

CHAMPBOURCY, prenant la carte.

Donnez! ça me regarde!

(Benjamin remonte.)

CORDENBOIS.

Ça vous regarde... ça nous regarde tous...

CHAMPBOURCY.

Oh! si tout le monde veut gouverner... j'abdique...

BLANCHE, à la table, première place à droite.

Papa?

LÉONIDA, même position.

Messieurs...

CHAMPBOURCY.

Non!... c'est que M. Cordenbois a la prétention de nous régenter.

CORDENBOIS.

Moi... je n'ai rien dit!

COLLADAN à part.

Ils sont toujours à s'asticoter. (Haut.) Voyons... chacun dira son petit mot... Voilà!... il faut d'abord expliquer à monsieur (il indique Benjamin **) que nous sommes une société qui est venue à Paris pour se régaler.

* Colladan, Cordenbois, Champbourcy, Benjamin; Léonida et Blanche à la table de droite.
** Benjamin, Colladan, Champbourcy, Cordenbois; Léonida et Blanche à la table de droite.

CHAMPBOURCY.

Sans faire des folies.

COLLADAN, au garçon.

Monsieur, nous avons une cagnotte à manger... comme qui dirait de l'argent trouvé, vous comprenez.

BENJAMIN, à part et soupçonneux.

De l'argent trouvé !... Qu'est-ce que c'est que ces gens là ?...

CORDENBOIS.

Maintenant, vous voilà au fait...

CHAMPBOURCY.

Conseillez-nous...

BENJAMIN.

Si ces messieurs désirent des côtelettes à la Royale...

CHAMPBOURCY.

Oh ! non ! pas de mouton !

CORDENBOIS.

Nous en mangeons tous les jours...

COLLADAN.

Moi, j'en vends...

BENJAMIN.

Alors nous avons des filets Chateaubriand.

CORDENBOIS.

Oh ! pas de bœuf !

CHAMPBOURCY.

Tenez, nous allons vous dire tout de suite notre affaire .. nous ne voulons ni bœuf, ni mouton, ni veau, ni volaille.

COLLADAN.

Ni pommes de terre, ni haricots, ni choux.

BENJAMIN.

Diable !..... ces dames désirent-elles une tranche de melon !

BLANCHE vivement.

Oh ! oui, du melon.

LÉONIDA.

J'en raffole.

BENJAMIN, mouvement de sortie.

Trois tranches ?

CHAMPBOURCY, vivement.

Atendez ! (à Colladan et à Cordenbois) Voyons le prix... parce que avec ces gaillards-là . . (regardant la carte) une tranche de melon, un franc.

CORDENBOIS.

Au mois de février ! c'est pour rien !

COLLADAN.

C'est pour rien.

CHAMPBOURCY, au garçon.

Trois tranches de melon (il passe la carte à Cordenbois.)

BENJAMIN.

Bien, Monsieur... Après

CORDENBOIS, lisant sur la carte.

Terrine de Nérac.

COLLADAN.

Oui... oui... j'aime assez ça... je ne sais pas ce que c'est, mais j'aime assez ça !

CORDENBOIS.

Il y a des truffes là-dedans...

BENJAMIN.

Oui... oui...

CHAMBOURCY, à Cordenbois.

Combien ?

CORDENBOIS.

Deux francs...

CHAMPBOURCY.

Ça n'est pas cher.

COLLADAN.

Ça n'est pas cher...

CHAMPBOURCY, bas aux autres.

J'ai eu bon nez de vous conduire ici... les prix sont très-raisonnables. (Haut au garçon.) Vous nous donnerez une terrine de Nérac.

BENJAMIN.

Bien, Monsieur... et après ?

CHAMBPOURCY.

Après ?... il nous faudrait quelque chose d'extraordinaire... d'imprévu... de délicat...

COLLADAN.

Oui... oui... pas de charcuterie !

CORDENBOIS, qui consulte la carte.

Attendez !... je crois que j'ai trouvé. (Lisant.) Tourne-dos à la Plénipotentaire.

TOUS.

Ah !

CHAMBPOURCY.

Qu'est-ce que c'est que cela ?

LÉONIDA, elle se lève ainsi que Blanche et se mettent en scène.

Qu'est-ce qu'il y a là-dedans ?...

BENJAMIN.

C'est un plat nouveau... ce sont des déchirures de chevreuil saisies dans la purée de caille et mariées avec un coulis d'anchois, d'olives, d'huîtres marinées, de laitues, de truffes.

COLLADAN.

Mâtin! que ça doit être bon!

CORDENBOIS.

Je vote pour ça !

TOUS.

Oui... oui...

CHAMPBOURCY, au garçon.

Tourne-dos à la Plénipotentiaire... soigné!

BENJAMIN.

Bien, Monsieur.

LÉONIDA.

Je demanderai une petite chatterie pour les dames.

BLANCHE.

Oh! oui!

COLLADAN.

Et un roquefort !

CHAMPBOURCY.

Qu'avez-vous comme plat sucré ?

BENJAMIN.

Je puis vous offrir un Coup-de-vent à la Radetzki ou bien un Froufrou à la Pompadour!...

CHAMPBOURCY, à Blanche.

Qu'est-ce que tu préfères ?

BLANCHE.

Dame!... je ne sais pas, papa.

CORDENBOIS.

Le Coup-de-vent doit être plus léger...(Tous se mettent à rire.

CHAMPBOURCY.

Allons, donnez-nous un Coup-de-vent pour cinq... un fort Coup-de-vent. (Tous rient plus fort.)

CORDENBOIS.

Une tempête !... (Explosion de rires. Colladan donne des coup de poing à Benjamin.)

BENJAMIN, à part, les regardant.

Ce sont des acrobates !

CHAMPBOURCY, à Benjamin.

En avez-vous pour longtemps ?

BENJAMIN.

Tous de suite... une petite demi-heure... (Il sort.)

COLLADAN *.

Une demi-heure !... Je propose, en attendant, de monter dans la colonne de la place Vendôme.

BLANCHE.

Oh ! oui, papa !... montons dans la colonne. (Tous remontent, excepté Champbourcy et Léonida.)

CHAMPBOURCY.

Je veux bien... c'est à deux pas.

LÉONIDA ** (bas à Champbourcy.)

Reste !... j'ai une communication à te faire.

CHAMPBOURCY, étonné.

Une communication ?

LÉONIDA, bas.

Importante !

CORDENBOIS, un peu au fond.

Je vous retrouverai ici, j'ai une petite emplette à faire dans le quartier... ***

CHAMPBOURCY, à Blanche qui est redescendue.

Ta tante est un peu fatiguée, je reste avec elle... mais va avec M. Colladan.

BLANCHE.

Oui, papa.

COLLADAN.

Venez !... Je vous expliquerai la Colonne... elle a été rapportée d'Égypte... en un seul morceau.

ENSEMBLE

Air : *Final des Diables roses.*

Allons } visiter la colonne.
Allez }

Dans { notre } ardeur à promener,
{ votre }

Faisons } en sorte que personne
Faites }

Ne retarde le déjeuner.

(Colladan sort en donnant le bras à Blanche. Cordenbois les suit par le fond, à gauche.)

* Colladan, Champbourcy, Cordenbois, Léonida, Blanche.
** Champbourcy, Léonida, à l'avant-scène.
*** Colladan, Blanche, Champbourcy, Léonida, Cordenbois.

SCÈNE IV

LÉONIDA, CHAMPBOURCY.

CHAMPBOURCY.
Nous voilà seuls... qu'est-ce qu'il y a?
LÉONIDA, embarrassée.
C'est que... je ne sais comment te dire...
CHAMPBOURCY.
Tu as oublié quelque chose dans le wagon? Que le bon Dieu te bénisse!

LÉONIDA.
Non... je n'ai rien oublié... (Avec émotion.) Théophile... tu es mon frère... mon seul ami... jure-moi que tu ne me donneras pas ta malédiction...
CHAMPBOURCY, étonné.
Moi?...

LÉONIDA.
Jure-le moi?
CHAMPBOURCY.
Est-ce que je sais donner ça?
LÉONIDA, avec effort.
Théophile... j'ai commis une faute!
CHAMPBOURCY.
Toi!... (Incrédule.) Allons donc?
LÉONIDA.
Je suis coupable... bien coupable... j'aurais dû te demander ton autorisation...
CHAMPBOURCY, révolté.
Mais je ne te l'aurais pas accordée!
LÉONIDA.
La jeune personne... dont tu lis depuis quatre ans... l'annonce dans les journaux.
CHAMPBOURCY.
Ah! oui... qui consentirait à habiter une petite ville bien située... Eh bien?...
LÉONIDA.
Théophile!... (Avec effort.) C'est moi!...
CHAMPBOURCY.
Comment! C'est là ta faute?... et c'est à cela que tu dépensais ton argent?... c'est bien fait... mais ça n'a pas mordu!...

LÉONIDA.

Si... ça mordu... (Se reprenant.) Ça a réussi !

CHAMPBOURCY.

Comment ! tu as trouvé ?...

LÉONIDA.

Lis cette lettre... que j'ai reçue hier à La Ferté-sous-Jouarre.

CHAMPEOURCY, ouvrant la lettre.

Signé X... qu'est-ce que c'est que ça X ?

LÉONIDA.

C'est M. Cocarel... un intermédiaire obligeant...

CHAMPBOURCY.

Ah !... le Cornac !

LÉONIDA, blessée.

Cornac !

CHAMPBOURCY, lisant.

« Mademoiselle... venez vite ! j'ai votre affaire... un
« homme dans une haute position, brun, gai, bien por-
« tant ; l'entrevue aura lieu demain soir à huit heures. »

LÉONIDA.

C'est aujourd'hui !

CHAMPBOURCY, lisant.

« Dans mes salons, rue Joubert, 55... Soyez exacte, et
« faites-vous accompagner d'un peu de famille... » (Parlé.)
Il faudrait lui écrire que nous sommes à Paris.

LÉONIDA.

C'est fait... Hier au soir, comme je ne pouvais dormir,
je lui ai fait passer une dépêche...

CHAMPBOURCY.

Quarante sous !... tu vas bien, toi !

LÉONIDA.

Théophile... puis-je compter sur ton bras pour m'accompagner ?

CHAMPBOURCY.

Certainement... je ne suis pas fâché de voir ça... nous
irons tous !

LÉONIDA.

Comment ! M. Cordenbois et M. Colladan ?

CHAMPBOURCY.

Nous ne leur dirons pas le motif... ça corsera la famille...

LÉONIDA, avec sentiment.

Avant peu... il faudra nous séparer... (Elle l'embrasse.)
Oh ! dis-moi que tu ne m'en veux pas !

CHAMPBOURCY.

Moi? au contraire....(lui prenant la main), chère enfant....
et s'il faut te le dire, ça me fait plaisir...

LÉONIDA.

Comment?

CHAMPBOURCY.

Oui... parce que depuis quelque temps...sans t'en ap :
cevoir... tu deviens aigre, quinteuse, rageuse, insuppl :
table...

LÉONIDA.

Par exemple !...

CHAMPBOURCY, passant.

Du monde !... nous reprendrons cette conversation....

SCENE V

Les mêmes, SYLVAIN.

SYLVAIN*, entrant au fond de gauche, à lui-même.
Miranda doit être arrivée !... Tiens, M. Champbourcy

CHAMPBOURCY ET LÉONIDA.

Sylvain !

SYLVAIN, saluant.

Mademoiselle... Monsieur...

CHAMPBOURCY.

Ton père est ici !

SYLVAIN.

Ah bah !

CHAMPBOURCY.

Il est dans la Colonne... mais il va venir déjeuner...

SYLVAIN.

Dans ce restaurant?

LÉONIDA.

Attendez-le...

SYLVAIN, à part.

Et Miranda qui va arriver... (Haut.) Ah ! il est dans la Colonne, papa !... alors je vais le retrouver. (Il veut sortir.)

CHAMPBOURCY.

Justement, le voici !

SYLVAIN, à part.

Pincé !

* Sylvain, Champbourcy, Léonida.

SCÈNE VI

LES MÊMES, COLLADAN, BLANCHE*.

COLLADAN, entrant avec Blanche.

Nous voilà... j'ai acheté une pioche. (Il la montre.) C'était mon rêve !

BLANCHE le quittant.

Si vous croyez que c'est agréable de se promener sur le boulevard avec un monsieur qui porte une pioche !

SYLVAIN, se présentant.

Papa...

COLLADAN.

Mon fils !... (Il l'embrasse.) Eh ! bien ! comment va-t-elle ? (Léonida, Blanche et Champbourcy, gagnent la table à droite, premier plan, et s'asseoient.)

SYLVAIN.

Qui ça ?

COLLADAN.

La vache...

SYLVAIN.

Vous êtes bien bon... très-mal.

LÉONIDA, à Champbourcy.

Dis donc, si nous faisions la liste de nos commissions.

CHAMPBOURCY.

C'est une bonne idée... on nous en a fourré une botte...

COLLADAN.

Mais comment n'es-tu pas à ton école de Grignon ?

SYLVAIN, embarrassé.

Moi? parce que... j'ai été chargé de conduire la bête à Alfort... pour une consultation qui a lieu à deux heures...

COLLADAN.

Des médecins de bêtes !

SYLVAIN.

Dites donc, papa, puisque je vous rencontre... si vous vouliez me donner mon mois, ça vous économiserait un port de lettre.

COLLADAN, fouillant à sa poche.

C'est juste... (Se ravisant.) Mais non !... tu es seul à Paris... tu pourrais faire des brioches !

* Sylvain, Colladan, Blanche, Champbourcy, Léonida.

SYLVAIN.

Mais, papa...

COLLADAN.

Je te donnerai ça ce soir... quand tu repartiras pour Grignon...

CHAMPBOURCY, assis a la table de droite.

A propos ! ce soir nous avons une invitation...

COLLADAN.

Où ça?

CHAMPBOURCY.

Une soirée délicieuse... de la musique... des gâteaux...
du punch... chez un de mes bons amis... un vieux cama-
rade. (Bas à Léonida.) Comment l'appelles-tu?

LÉONIDA, bas.

Cocarel...

CHAMPBOURCY, haut.

Cocarel... entrepreneur... de déménagements.

BLANCHE.

Oh! papa !... Est-ce qu'on dansera?

CHAMPBOURCY.

Certainement... C'est une grande soirée...

BLANCHE.

C'est que je n'ai pas de robe...

CHAMPBOURCY.

Oh! c'est une grande soirée... sans cérémonie.

COLLADAN.

Je laisserai ma pioche au vestiaire. (Montrant Sylvain.) Le
petit pourra-t-il en être?

CHAMPBOURCY.

Parbleu! (A part.) Ça corsera la famille.

SYLVAIN, à part.

Oh! sapristi! j'ai rendez-vous au bal de l'Opéra. (Haut.)
Ce serait avec plaisir, mais...

COLLADAN.

Je veux que tu connaisses le monde et les belles manières...
d'abord je ne te paierai que là-bas... (Il va déposer sa pioche
à gauche).

SYLVAIN, vivement.

J'y serai ! (A part.) Je filerai après... (Haut.) Où demeure-t-
il, monsieur Cocarel?

LÉONIDA.

55, rue Joubert. Voici la liste de nos commissions.

BENJAMIN, * à part.

Qu'est-ce qu'ils font là ?

CHAMPBOURCY, vidant le sac de nuit sur la table et y dispersant des
bagues, des lunettes, des bracelets, un éventail.

Des bracelets, des tabatières, mais tu as dévalisé le pays!...

BENJAMIN, à part.

Ah ! bah !

CHAMPBOURCY.

Il faudra nous partager tout ça.

BENJAMIN, à part.

Se partager tout ça!...c'est bizarre (on sonne). Voilà! Voilà!
(Il sort à gauche, tous se lèvent).

SCÈNE VII

LES MÊMES, CORDENBOIS, PUIS BENJAMIN. **

CORDENBOIS entrant; il est très-rouge et l'estomac très-protubérant

Ouf !.... je ne vous ai pas fait trop attendre?.... Tiens !
Sylvain !.. bonjour, mon garçon !....

SYLVAIN, à part

L'apothicaire de là-bas. (Saluant.) M. Cordenbois....

LÉONIDA, à Cordenbois.

Comme vous êtes rouge.

CORDENBOIS.

J'ai couru...

COLLADAN.

Quoi que vous avez donc ?... on dirait que votre ventre
vous a remonté dans l'estomac.

CORDENBOIS, à part.

Ça se voit !

CHAMPBOURCY.

Mais oui..... vous avez l'air de Polichinelle.

CORDENBOIS.

Tenez! j'aime autant vous l'avouer tout de suite... c'est
une petite faiblesse..... je me suis aperçu depuis quelque
temps que mon abdomen avait une tendance à la baisse...
alors je me suis dit : puisque me voilà à Paris..... je vais
acheter une ceinture... sur la cagnotte.... (Pendant cette scène,
Benjamin et un autre garçon ont placé deux tables bout à bout, au

---

* Sylvain, Colladan, Benjamin, Champbourcy, Blanche et Léonida,
à la table.

** Sylvain, Colladan, Cordenbois, Champbourcy, Léonida, Blanche

milieu du théâtre, ils ont pris celle de gauche, premier plan, et celle de droite, troisième plan, ils achèvent de dresser le couvert et mettent les mets sur la table)

TOUS.

Bah !

CHAMPBOURCY.

Ah ! coquet !... vous l'avez remonté...

CORDENBOIS. .

Oui... ils se sont mis à deux pour me sangler..... ça me gêne... mais le marchand m'a dit que ça se ferait.

BENJAMIN.

Le déjeuner est servi !

TOUS.

Bravo ! bravo * ! (Ils s'asseyent moins Sylvain)

COLLADAN, à Sylvain

Approche... tu vas manger un morceau avec nous...

SYLVAIN.

Merci... j'ai déjeuné ! (A part) Et Miranda qui va venir !.... si je pouvais filer ! (Il veut partir.)

COLLADAN, l'arrêtant

Allons, prends une chaise.....

SYLVAIN.

Oui... une chaise... (il va en chercher une)

BENJAMIN **, bas à Sylvain

Je crois que je t'ai trouvé une place au Bœuf à la Mode.

SYLVAIN, le faisant taire

Chut !... plus tard ! (Il s'asseoit près de son père ; Benjamin se tient derrière les consommateurs pour servir).

CHAMPBOURCY.

Il embaume, ce melon !.. la journée commence bien !

CORDENBOIS, à part

Ma ceinture me gêne.....

COLLADAN, à Sylvain

Voyons... piochez-vous là-bas ? conte-moi ça !

SYLVAIN, embarrassé

A Grignon ? mais oui... nous faisons les Mars.....

COLLADAN.

Tapez-vous sur la betterave ?

SYLVAIN.

Mais nous y tapons... comme ci, comme ça.....

* Sylvain (Colladan, Léonida, Champbourcy, Blanche, Cordenbois à la table).

** Benjamin, Sylvain (les autres à table).

COLLADAN,

Bonne chose la betterave ! mais faut de l'engrais... oui, oui... faut de l'engrais !

CORDENBOIS.

Je vous demanderai des truffes.

COLLADAN, à Sylvain

Et des naviaux ! faites-vous des naviaux ?

CHAMPBOURCY, aux autres

Ah ! ça ! est-ce qu'il ne va pas nous laisser tranquilles ?

SYLVAIN.

Des naviaux ? mais oui..... nous en faisons par-ci, par-là !.,
(A part) Qu'est-ce que ça peut être ?

COLLADAN.

Bonne chose les naviaux !..... mais faut de l'engrais... oui, oui... faut de l'engrais !

CORDENBOIS.

Je vous demanderai des truffes.

CHAMPBOURCY, le servant.

Vous allez bien, vous !

CORDENBOIS.

Ah ! si je n'avais pas ma ceinture !

COLLADAN, à Sylvain.

Et des carottes ! faites-vous des carottes ?

SYLVAIN.

Ah ! je vous en réponds..... c'est mon fort !

COLLADAN.

Bonne chose la carotte !

SYLVAIN.

Oui..... quand ça prend !

COLLADAN.

Mais faut de l'engrais... Oui, oui..... faut de l'engrais.

CHAMBOURCY.

Ah ! ça ! fichez-nous la paix avec votre engrais ! c'est en-nuyeux de parler de ça en mangeant.

COLLADAN.

Quoi ! ça n'est pas sàle ! pas vrai, petit ?

SYLVAIN.

Non, papa.....

LÉONIDA.

C'est possible !.... mais à table !....

COLLADAN.

Faut pas faire la petite bouche ! tout ce que vous mangez, le pain, la viande, les radis... ça en vient ! pas vrai, petit ?

SYLVAIN.

Oui, papa.....

LÉONIDA.

Ah ! taisez-vous ! vous me coupéz l'appétit.

BLANCHE.

Je n'ai plus faim.....

CORDENBOIS.

Moi, çà m'est égal !.., je vous demanderai des truffes...

COLLADAN.

Voyons, petit, toi qui es malin... sais-tu tuer un porc.

CHAMPBOURCY.

Allons ! voilà autre chose !

COLLADAN.

Dis voir... comment qué tu tues un porc.

SYLVAIN.

Dame !... je lui donne la mort...

COLLADAN.

Pas ça ! tu retrousses tes manches... tu prends ta bête...

TOUS.

Oh ! assez ! assez !

SYLVAIN, se levant.

Allons ! bonjour, papa.

COLLADAN.

Où que tu vas donc?

SYLVAIN, voulant partir.

A Alfort... pour ma consultation...

COLLADAN, le retenant.

Allons ! prends un verre de vin (Il verse.)

SYLVAIN, même jeu.

Merci, je.....

COLLADAN, même jeu.

Je te dis de prendre un verre de vin !

SYLVAIN, trinque avec tout le monde.

Voilà (Il boit.)

COLLADAN.

Ça retape un jeune homme ça !.....

SYLVAIN, à part.

Ils en sont au dessert !..... je guette leur sortie et je reviens (Saluant). Mesdames, Messieurs. (Il veut par.. 'r.)

COLLADAN, le retenant.

Eh ! bien ! tu ne m'embrasses pas !..... (Il l'embrasse.) A ce soir !..... fais-toi friser.

SYLVAIN.

Soyez tranquille! (A part.) C'est Miranda qui va m'attendre! (Il sort à gauche par le fond.)

SCÈNE VIII

LES MÊMES, MOINS SYLVAIN.

COLLADAN, toujours à table.

Bon petit garçon! ça ne se dérange pas..... ça aime la terre.

CHAMPBOURCY.

Onze heures!... ne perdons pas de temps! garçon, la carte!

BENJAMIN.

Tout de suite, Monsieur. (Il sort.)

LÉONIDA.

Nous allons d'abord nous débarrasser de nos commissions.

CORDENBOIS.

Ensuite, je propose l'Arc-de-Triomphe.

BENJAMIN, rentrant

L'addition demandée.

CHAMPBOURCY, prenant la carte.

Voyons... total..., Comment, 137 francs 25 centimes.

TOUS, bondissant et se levant.

137 francs!

CHAMPBOURCY *, à Benjamin qui apporte des bols et se tient
debout derrière la table.)

Qu'est-ce que c'est que ce plat-là? Nous n'avons pas demandé ça!

BENJAMIN.

Ce sont des bols... de l'eau de menthe!

COLLADAN, énergiquement

Nous n'en voulons pas!

CORDENBOIS.

Remportez ça!

BENJAMIN.

Mais ça ne se paie pas!

TOUS, exaspérés.

Remportez ça!

* Colladan, Champbourcy, Cordenbois, Léonida, Blanche.

CHAMPBOURCY.

137 francs! Vous vous êtes dit : Ce sont des provinciaux, il faut les plumer!

BENJAMIN.

Mais, Monsieur...

COLLADAN.

Nous sommes aussi malins que toi, mon petit!

CORDENBOIS.

D'ailleurs, les prix sont sur la carte.

CHAMPBOURCY.

Donnez-moi la carte!

BENJAMIN, la prenant sur une table et la remetttant
à Champbourcy.

Voilà, Monsieur *.

CHAMPBOURCY, regardant.

J'en étais sûr... Melon, un franc la tranche.

COLLADAN.

Pourquoi que vous portez 10 francs? Vous êtes un malfaiteur!

BENJAMIN.

Il y a dix francs, Monsieur... C'est le cadre qui cache le zéro.

TOUS, regardant.

Oh!

CORDENBOIS.

Mais la terrine de Nérac... 2 francs.

BENJAMIN.

Vingt francs, monsieur... C'est le cadre qui cache lo zéro!

TOUS, regardant.

Oh!

LÉONIDA.

Nous sommes volés!

COLLADAN, prenant la carte.

Tous les zéros sont cachés!

CHAMPBOURCY.

Mais nous ne paierons pas... Où est le patron?

BENJAMIN.

Dans le salon à côté... Si ces messieurs veulent venh s'expliquer.

CHAMPBOURCY.

Allons-y!

*Léonida, Colladan, Champbourcy, Cordenbois, Benjamin, Blanche.

TOUS.

Allons-y !

ENSEMBLE

Ne croyez pas qu'on rie
Chez vous à nos dépens.
C'est une perfidie
Un affreux guet-apens!

(Ils entrent tous à gauche, troisième plan, excepté Cordenbois.)

SCÈNE IX

CORDENBOIS, BENJAMIN. (Benjamin remet les tables en
place.)

CORDENBOIS.

Moi je n'aime pas à me disputer après mes repas... mon
ventre est remonté par dessus mon estomac... Ça me gêne
pour digérer... si j'allais prendre un peu l'air... j'ai bien
envie d'aller faire cette visite... M. X..... rue Joubert,
55. C'est une idée folle... mais qui sait ?... le bonheur
est peut-être là... (Appelant) Garçon ?

BENJAMIN*.

Monsieur...

CORDENBOIS.

La rue Joubert est-elle loin?

BENJAMIN.

Non, Monsieur, vous tournez à droite... c'est la seconde
gauche...

CORDENBOIS.

Merci... vous direz à ces messieurs que je les retrouverai à l'Arc-de-Triomphe dans une heure...

BENJAMIN.

Bien, Monsieur.

CORDENBOIS à part.

Le bonheur est peut-être là ! (Il sort par le fond à gauche.)

Cordenbois, Benjamin.

SCÈNE X

BENJAMIN, CHAMPBOURCY, COLLADAN, LÉONIDA, BLANCHE, LE DEUXIÈME GARÇON, PUIS UN GARDIEN.
(On entend le bruit d'une discussion violente dans le salon à gauche.)

BENJAMIN.

Ils se disputent comme des enragés... ces gens-là ne m'inspirent aucune confiance. (Il remonte.)

CHAMPBOURCY, entrant furieux suivi de Colladan, de Blanche et de Léonida ; à la cantonade.)

Envoyez chercher qui vous voudrez, je ne paierai pas ! *

COLLADAN.

Nous plaiderons plutôt... C'est moi qui vous le dis.

LE DEUXIÈME GARÇON, sortant de la gauche.

Un officier de paix... bien patron ! (Il sort par le fond.)

CHAMPBOURCY.

Un officier de paix... Allez chercher le diable !... Je m'en moque !

BLANCHE, effrayée.

Oh ! papa !

LÉONIDA.

Ils ne nous ont rabattu que le citron... 50 centimes.

COLLADAN.

C'est se ficher de nous !

BENJAMIN **, descendant, à Chambourcy.

Monsieur, votre ami m'a dit...

CHAMBOURCY.

Tu m'ennuies, toi !... (Changeant de ton à Benjamin.) Voyons, pour en finir, veux-tu cent francs ?

BENJAMIN.

Ça ne me regarde pas. (Il remonte.)

CHAMPBOURCY.

Très-bien ! Comme tu voudras. (Bas aux autres.) Ayons l'air de nous en aller... il va céder... (Tous prennent leurs chapeaux, sacs de nuit et paquets. Champbourcy prend son parapluie et Colladan sa pioche.)

* Blanche, Colladan, Champbourcy, Léonida.
** Blanche, Chambourcy, Benjamin, Léonida, Colladan.

DEUXIÈME GARÇON*, entrant par le fond, suivi d'un gardien de Paris.

Les voilà... ils ne veulent pas payer...

CHAMPBOURCY.

C'est-à-dire que nous ne voulons pas qu'on nous écorche.

LÉONIDA.

Du melon à dix francs la tranche...

COLLADAN.

Il y en a douze... ça met le melon à 120 francs.

LE GARDIEN

Voyons, la carte? (Benjamin la lui remet.)

CHAMPBOURCY.

Mais c'est une forêt de Bondy, que leur carte... ils cachent les zéros! ils ont l'infamie... (En gesticulant, il agite son parapluie, une montre s'en échappe et tombe à terre.) Tiens! Qu'est-ce que c'est que ça!

TOUS.

Une montre!

LE GARDIEN, la ramassant.

A qui appartient cette montre?

CHAMPBOURCY.

Ce n'est pas à moi...

TOUS.

Ni à moi.

LE GARDIEN, l'examinant, à lui-même.

La chaîne est brisée... cette montre a été volée... (Haut.) Comment cette montre se trouve-t-elle dans votre parapluie?

CHAMPBOURCY.

Je n'en sais rien...

BENJAMIN, bas au gardien.

Fouillez-les... ils ont bien d'autres choses dans leurs poches.

(Il remonte.)

LE GARDIEN.

Hein? (A part.) Cette montre... ce refus de payer... (Haut.) Allons, suivez-moi, vous vous expliquerez au bureau.

COLLADAN.

Quel bureau?

LE GARDIEN.

Au bureau de police...

* Blanche, Colladan, Champbourcy, Le gardien, Léonida, Benjamin, Un deuxième garçon (au fond).

TOUS, avec effroi.

Au bureau de police.

LE GARDIEN, au garçon.

Venez aussi avec votre carte — on vous paiera là-bas.

BLANCHE, passant effrayée. *

Oh! papa! qu'est-ce qu'on va nous faire?

CHAMPBOURCY.

Ne crains rien, ma fille, l'homme intègre ne craint pas
présenter devant la justice de son pays... marchons!

TOUS.

Marchons!

ENSEMBLE

LÉONIDA, CHAMPBOURCY, BLANCHE ET COLLADAN.
Rendons-nous tous au bureau de police,
Et dans ce lieu, par d'autres redouté,
Nous allons, grâce à la justice,
Reconquérir bientôt la liberté!

BENJAMIN ET LE DEUXIÈME GARÇON.
Emmenez-les au bureau de police,
Dans cet endroit justement redouté
Nous allons, grâce à la justice,
Les voir enfin perdre leur liberté!

LE GARDIEN.
Rendons-nous tous au bureau de police,
Et dans ce lieu justement redouté,
Vous allez, devant la justice,
Vous expliquer en toute liberté!

(Ils sortent tous excepté le deuxième garçon.)

SCÈNE XI

LE DEUXIÈME GARÇON, puis FÉLIX, puis SYLVAIN

LE DEUXIÈME GARÇON, seul.

Coffrés! je parie que c'est une bande!

FÉLIX, entrant vivement du fond à droite.

Garçon! un bifteak! vite! vite! je suis très-pressé!

(Il va à la table, première place à droite.)

LE DEUXIÈME GARÇON.

Tout de suite, Monsieur.

(Il entre à droite.)

* Colladan, Blanche, Champbourcy, Léonida, Le gardien, Benjamin, Deuxième garçon (au fond).

FÉLIX, seul.

J'ai été obligé de prendre le second train... mais où sont-ils? où les retrouver?... J'ai déjà visité le Panthéon et la tour Saint-Jacques... après déjeuner, je ferai les colonnes. (Il s'assied.)

SYLVAIN, entrant du fond de gauche. *

Je viens de les voir partir... sachons si Miranda.

FÉLIX.

Sylvain !

SYLVAIN.

M. Félix!

FÉLIX.

Vous n'avez pas vu M. Champbourcy avec sa fille?

SYLVAIN.

Ils ont déjeuné ici...

FÉLIX.

Ah! bah!... et où sont-ils?

SYLVAIN.

Je n'en sais rien.

LE DEUXIÈME GARÇON, servant Félix.

Le bifteak demandé. (Il le pose sur la table.)

SYLVAIN.**

Garçon... tiens! ce n'est pas le même... j'attends une dame...

LE DEUXIÈME GARÇON.

Au numéro 4... elle est arrivée...

SYLVAIN

Ah! enfin !

LE DEUXIÈME GARÇON

Elle a déjà fait pour trente francs de consommation.

SYLVAIN.

Trente francs! (On entend sonner à gauche.)

LE DEUXIÈME GARÇON ***, passant.

C'est elle... elle sonne pour son melon...

SYLVAIN, à part.

Du melon... je lâche! (Haut) Vous lui direz que je suis tombé du jury... pour quinze jours. (Il se sauve vivement par le fond, à droite; sur le baisser du rideau on entend sonner et appeler.)

* Sylvain, Félix.
** Sylvain, Le garçon, Félix.
*** Le garçon, Sylvain, Félix (à table).

FÉLIX.

Garçon! du pain! (On sonne vivement.)

LE DEUXIÈME GARÇON, ahuri.

Du pain au 5... le melon du 4... voilà! voilà! (Il sort par la gauche. Le rideau tombe.)

LE RIDEAU TOMBE.

ACTE TROISIÈME

Une salle d'attente du bureau de police. Deux portes à gauche, fenêtre au fond. Une table à gauche, une chaise. Un banc de bois à droite.

SCÈNE PREMIÈRE

LES GARDIENS, CHAMPBOURCY, BLANCHE, LÉONIDA, COLLADAN. Champbourcy entre le premier, puis Léonida et Blanche, Colladan et le Gardien.

LE GARDIEN, les introduisant par la deuxième porte de gauche
Par ici... entrez tous...

CHAMPBOURCY*, COLLADAN, BLANCHE, LÉONIDA.

ENSEMBLE

Affreuse destinée,
Et qui vient obscurcir
L'éclat d'une journée
Consacrée au plaisir.

LE GARDIEN.
Attendez... je vais prévenir M. Béchut.
CHAMBOURCY.
M. Béchut?...
LE GARDIEN.
Le secrétaire de M. le commissaire... Il va venir vous interroger... (Il sort. Tous posent leurs paquets sur la table.)

* Le gardien, Colladan, Champbourcy, Blanche, Léonida.

SCÈNE II

LES MÊMES moins LE JARDIEN*

COLLADAN.

On va vous interroger... mais puisque nous n'avons rien à répondre.

CHAMPBOURCY.

Posez donc votre pioche... vous gesticulez. (Colladan va poser sa pioche dans un coin).

BLANCHE.

Papa, je voudrais m'en aller...

CHAMPBOURCY.

Ne crains rien... ce n'est qu'un malentendu...

LÉONIDA.

En attendant nous voilà en prison...

CHAMPBOURCY.

D'abord, nous ne sommer pas en prison... nous sommes au bureau de police... Tous les jours on va au bureau de police.

COLLADAN.

Si vous m'aviez écouté, nous serions en ce moment à la foire de Crépy... C'est votre faute...

CHAMPBOURCY.

Ma faute... est-ce que je pouvais deviner qu'à Paris il poussait des montres dans les parapluies...

LÉONIDA.

Aussi pourquoi as-tu pris ton parapluie !...

CHAMPBOURCY.

Pourquoi ?... pourquoi ? parce que Cordenbois m'a dit de le prendre. Tiens !... où est-il donc Cordenbois !

TOUS.

C'est vrai !

COLLADAN.

Je ne l'ai point vu...

CHAMPBOURCY.

Il s'est éclipsé au moment du danger.

COLLADAN.

Il se sera fourré sous une table.

BLANCHE.

Au moins il est libre.

* Léonida, Champbourcy, Blanche, Colladan.

CHAMPBOURCY.

Ma fille, je n'échangerais pas mes fers contre sa liberté !...

BLANCHE.

Alors, tu crois qu'on va nous laisser sortir ?

CHAMPBOURCY, avec un sourire important.

Je l'espère... Je verrai M. le secrétaire... je lui parlerai... je me ferai connaître...

COLLADAN.

Je lui raconterai l'histoire de la cagnotte...

LÉONIDA.

Nous lui dirons que nous sommes venus à Paris pour visiter les monuments.

BLANCHE.

Et les boutiques...

CHAMPBOURCY.

Oh! mes enfants, si nous parlons tous à la fois, nous sommes perdus... il faut qu'un seul prenne la parole.

COLLADAN.

Comme qui dirait l'avocat de la chose.

CHAMPBOURCY.

Faites choix d'un homme calme, éloquent, logique... si je vous parais réunir ces qualités.

BLANCHE.

Ah ! oui, laissons parler papa.

COLLADAN, à Champbourcy.

Ne craignez rien !... je vous donnerai un coup d'épaule.

CHAMPBOURCY, voyant entrer Béchut.

Silence ! Monsieur le secrétaire !

SCÈNE III

LES MÊMES, BÉCHUT.

BÉCHUT, entrant, première porte à gauche, avec des papiers à la main, les examinant.

Ah ! vous êtes quatre...

COLLADAN.

Pour le moment.

BÉCHUT.

Asseyez-vous.

(Il prend place sur la chaise devant le bureau et consulte ses papiers.)

3.

CHAMBOURCY *, s'asseyant avec la société sur le banc en face.

Monsieur le secrétaire est mille fois trop gracieux... (Bas aux autres) Ayez l'air calme... la bouche souriante... comme des gens qui n'ont rien à se reprocher. (Tous se mettent à sourire.) Très-bien! restez comme ça!

BÉCHUT, quittant ses papiers.

Il s'agit d'une montre trouvée dans le parapluie de l'un de vous. (Les voyant sourire.) Pourquoi me regardez-vous en souriant?

CHAMPBOURCY.

Le sourire est l'indice d'une conscience tranquille.

BÉCHUT.

Voyons... qu'avez-vous à répondre?...

CHAMPBOURCY, se levant.

Monsieur le secrétaire... il y a dans la vie des hommes comme dans la vie des peuples des moments de crise...

BÉCHUT.

Il ne s'agit pas de cela!... bornez-vous à répondre à ma question... et surtout soyez bref... Comment cette montre s'est-elle trouvée dans votre parapluie...

CHAMPBOURCY.

Avant d'entrer dans les détails de cette ténébreuse affaire, qui ne tend à rien moins qu'à broyer sous son étreinte le repos et l'honneur d'une famille entière... je crois de mon devoir comme homme, comme père, comme citoyen, de protester hautement de mon respect pour la loi... pour la loi que je n'hésite pas à proclamer...

BÉCHUT, l'interrompant.

Mais vous ne me répondez pas...

COLLADAN, se levant.

Monsieur le président, voilà la vérité.

BÉCHUT à Colladan.

Voyons, parlez, vous! Otez votre chapeau.

COLLADAN.

Merci, il ne me gêne pas.

BÉCHUT, à Champbourcy.

Asseyez-vous.

COLLADAN.

Bien sûr que sans la cagnotte nous ne serions pas ici, vu que nous sommes partis ce matin par le train de cinq heures vingt-cinq.

* Béchut (à la table), Chambourcy, Léonida, Blanche, Colladan (sur le banc).

BLANCHE.

Et monsieur Félix a manqué le convoi...

BÉCHUT.

Mais la montre...

CHAMPBOURCY, se levant.

Si monsieur le secrétaire veut me permettre.

BÉCHUT, à Champbourcy.

Non... asseyez-vous... (Champbourcy et Colladan se rasseoient).
(à Colladan). Continuez... Levez-vous donc!...

COLLADAN, se levant.

Moi, j'avais voté pour la foire de Crépy... mais la majorité
n'a pas voulu...

BÉCHUT, à part.

Celui-là est idiot... (Haut). Il résulte de tout ceci que vous
n'êtes pas de Paris...

CHAMPBOURCY, se levant.

Enfants de la Ferté-sous-Jouarre!...

BÉCHUT, vivement à Champbourcy.

Asseyez-vous!... (Colladan s'assied). Vous êtes venu à Paris
en visiteurs?...

COLLADAN, se levant.

C'est la cagnotte.

CHAMPBOURCY, se levant.

En admirateurs de la grande cité.

BÉCHUT, à Champbourcy.

Voyons! puisque vous voulez parlez... parlez encore une
fois. (A Colladan.) Asseyez-vous. (Ils se rasseoient tous les deux; à
Champbourcy). Voyons, levez-vous!... (Ils se lèvent tous les deux;
à Colladan). Pas vous... asseyez-vous...(A Champbourcy)·Levez-
vous...

CHAMPBOURCY.

Moi?...

BÉCHUT.

Oui, vous. (Champbourcy reste debout, Colladan s'assied).
Comment cette montre volée s'est-elle trouvée dans votre
parapluie.

CHAMPBOURCY.

Commandant des pompiers de la Ferté-sous-Jouarre,
investi de fonctions qui m'honorent.

COLLADAN, l'interrompant.

Il a donné une pompe à la commune.

CHAMPBOURCY.

J'ai fait assez pour mon pays...

COLLADAN, l'interrompant.

Monsieur le président, fils de fermier, *ex-fermier* moi-même... j'en ignore complétement au sujet de la montre..

BÉCHUT.

C'est bien.

BLANCHE, se levant.

Nous n'avons fait de mal à personne.

LÉONIDA, se levant.

Si une existence pure et sans tache...

BÉCHUT.

Assez !..

CHAMPBOURCY, se levant.

Qu'on fouille dans ma vie... mon passé répondra de mon avenir...

BÉCHUT, se levant.

C'est bien... asseyez-vous tous !... (A part.) Ils sont trop bêtes pour être dangerereux !... (Haut.) Écoutez... je veux bien vous croire... Il n'y a pas de plainte contre vous... Je vais voir à vous faire remettre en liberté.

TOUS, avec joie.

(Champbourcy, Léonida et Blanche se lèvent vivement et Colladan qui est à l'extrémité du banc le fait basculer et tombe.)

Oh !

BÉCHUT.

Mais prenez-y garde... l'autorité a l'œil sur vous...

(Il sonne et se rasseoit.)

CHAMPBOURCY, bas aux autres.

Je vous disais bien qu'on nous relâcherait... Mais Colladan a trop parlé.

LE GARDIEN, paraît.

Monsieur... le garçon est là...

BÉCHUT.

C'est vrai... il y a un témoin... faites-le entrer... restez-ici vous autres.

LE GARDIEN, à la cantonade.

Venez !

SCÈNE IV

LES MÊMES, LE GARDIEN, BENJAMIN.
Béchut à la table, le gardien au fond.)

BÉCHUT*, à Benjamin.

Qu'avez-vous à dire ?

' Benjamin, Colladan, Champbourcy, Léonida, Blanche.

BENJAMIN.

Moi, rien... je demande le paiement de ma note

BÉCHUT.

Quelle note?

BENJAMIN.

La note du déjeuner... que ces messieurs n'ont pa,
voulu payer... la voici... (Il la remet à Béchut.)

CHAMPBOURCY.

Cent trente-sept francs !... jamais...

COLLADAN.

Jamais !... nous ne payons pas les zéros !...

BÉCHUT, à part, examinant la note.

Melon... tourne-dos à la plénipotentiaire... Oh ! oh !
ce n'est pas là un déjeuner de bourgeois. (A Champbourcy.)
Pourquoi avez-vous refusé de payer.

CHAMPBOURCY.

Parce que...

COLLADAN.

Parce que monsieur est un voleur!

BENJAMIN.

Dites donc, vous !... s'il y a des voleurs ici, ce n'est pas
moi... si on voulait parler...

TOUS.

Hein?

BÉCHUT, à Benjamin.

Qu'entendez-vous pas ces mots?... Je vous somme de
vous expliquer...

CHAMPBOURCY.

Moi aussi, je vous somme de vous expliquer !

BENJAMIN.

Ce n'est pas malin... on n'a qu'à vous fouiller vous et
vos sacs... on verra bien vite ce que vous-êtes...

CHAMPBOURCY, étonné.

Nous et nos sacs !

COLLADAN.

Qu'est-ce qu'il veut dire?

BÉCHUT, qui a ouvert les sacs placés sur la table.

Une lorgnette... des bracelets... un éventail.

LÉONIDA.

Des commissions dont on nous a chargés...

COLLADAN.

Ce qui prouve que nous sommes d'honnêtes gens et qu'on
ne craint pas de nous confier de la marchandise...

4.

BENJAMIN, ironiquement.

Oui... confier !...

COLLADAN.

Qu'est-ce que tu dis, Gringalet ?...

(Il fait un mouvement vers Benjamin et laisse tomber de son paletot un ciseau de menuisier.)

LE GARDIEN, le ramassant et le remettant à Béchut.

Un ciseau de menuisier...

COLLADAN.

C'est à moi !...

BÉCHUT.

Un instrument d'effraction !...

CHAMPBOURCY, bas à Colladan.

Pourquoi avez-vous acheté ça?

BÉCHUT, il parle bas au gardien.

(Haut.)

Dans votre intérêt même, je vous engage à faire des aveux...

CHAMPBOURCY.

Moi ? jamais !... j'ai assez fait pour mon pays !... s'il n'y a pas eu d'incendie... ce n'est pas ma faute !...

COLLADAN.

Nous sommes tous d'honnêtes gens...

TOUS.

Nous n'avons pas fait de mal !...

BÉCHUT.

Assez !... Suivez Monsieur... (Il désigne le gardien.) dans la salle à côté... je vous rappellerai tout à l'heure... ces dames aussi !... (Béchut à la table, Benjamin près de lui.)

LE GARDIEN.

Allons! Marchez! (Ils recommencent à protester de leur innocence en parlant tous à la fois.)

COLLADAN.

Ne poussez pas! (Le gardien les fait tous entrer à gauche, deuxième plan. Le gardien sort le dernier et emporte tout ce qui est sur la table.)

SCENE V

BÉCHUT assis, BENJAMIN.

BÉCHUT, à la table.

Rédigeons notre procès-verbal. (A Benjamin.) Voyons !... dites-moi tout ce que vous savez... à quelle heure sont-ils entrés chez vous?

BENJAMIN.

Il était à peine huit heures... J'achevais de balayer le salon, quand j'ai entendu crier : au voleur ! sur le boulevard.

BÉCHUT.

Ah ! on criait au voleur... (Il prend une note.) Continuez...

BENJAMIN.

Ils se sont précipités dans le café... l'air effarés... ils ont commandé à déjeuner... tout ce qu'il y avait de mieux... en disant qu'ils avaient de l'argent... comme qui dirait de l'argent trouvé...

BÉCHUT.

Oh ! cet aveu est grave... (Il prend une note.) Continuez.

BENJAMIN.

Il y en a qui sont sortis pendant qu'on préparait le déjeuner... la grosse femme est restée avec le chef de la bande... Elle lui a dit qu'elle était coupable... J'ai entendu derrière la porte... Quand les autres sont rentrés, ils ont étalé des bijoux sur une table... des bracelets, des lorgnettes, des tabatières... ils se sont partagé tout ça... et le chef a dit : la journée commence bien...

BÉCHUT.

C'est clair... (Il prend une note.) Continuez.

BENJAMIN.

En se mettant à table... Ah ! j'oubliais !... il y en a un qui est entré après les autres... un gros qu'on n'a pas pincé... il cachait quelque chose dans son gilet... ça lui remontait dans l'estomac... il disait : ça me gêne... mais ça se fera.

BÉCHUT.

Un contumace. (Il prend une note.) Continuez.

BENJAMIN.

Enfin, après avoir bien bu et bien mangé... ils ont refusé de payer... voilà !...

BÉCHUT.

C'est bien... vous serez appelé comme témoin... vous pouvez vous retirer.

BENJAMIN.

Et ma note !...

BÉCHUT.

On vous la paiera au greffe ; sortez par là. (Benjamin sort premier plan à gauche ; Béchut sonne ; au gardien qui paraît :) Faites rentrer ces gens.

LE GARDIEN, à la cantonnade.

Rentrez tous !...

SCÈNE VI

BÉCHUT, CHAMBOURCY, COLLADAN, LÉONIDA,
BLANCHE, Le GARDIEN.

TOUS, rentrant exaspérés *.

C'est une indignité! une horreur!

CHAMPBOURCY.

Je proteste au nom de la civilisation!

BÉCHUT.

Qu'y a-t-il?

CHAMPBOURCY.

On nous a fait vider nos poches!

LÉONIDA.

Et on nous a tout confisqué!

CHAMPBOURCY.

Notre argent, nos montres, nos portefeuilles, on ne nous
a laissé que nos mouchoirs!

COLLADAN.

Une chose inutile.

CHAMPBOURCY.

C'est une atteinte aux droits de la propriété.

BÉCHUT**, se levant.

Allons! assez de phrases!... Je vous connais maintenant... vous êtes une de ces bandes qui s'abattent sur Paris,
les jours de fête, le soir, après avoir fait leur coup!...

TOUS.

Nous?...

COLLADAN.

Monsieur le président... fils de fermier.... fermier
moi-même...

BÉCHUT.

Ne faites donc plus le paysan, c'est inutile, nous la connaissons celle-là!...

COLLADAN.

Quoi?

* Champbourcy, Colladan, Léonida, Blanche.
** Colladan, Béchut, Champbourcy, Léonida, Blanche.

BÉCHUT.

Je vais envoyer chercher une voiture pour vous conduire au dépôt !

TOUS.

Au dépôt !

BÉCHUT.

Vous êtes tous des pick-pockets.
(Il sort, deuxième plan à gauche, suivi du gardien.)

SCÈNE VII

LES MÊMES, moins BÉCHUT et LE GARDIEN.

TOUS *.

Pick-pockets !

CHAMPBOURCY.

Qu'est-ce que c'est que ça ?

BLANCHE.

C'est un mot anglais... qui veut dire... fouilleurs de
poches.

TOUS.

Nous !...

COLLADAN.

Et l'on va nous mettre en dépôt !... quel dépôt ?...

CHAMPBOURCY.

Nous arrêter, parbleu !...
(On entend fermer à double tour la porte de l'extérieur.)

COLLADAN.

Cric ! crac !

CHAMPBOURCY.

On nous enferme !

LÉONIDA.

Et M. Cocarel qui m'attend ce soir, mon avenir est
brisé !

BLANCHE.

M. Félix ne voudra plus m'épouser !...

COLLADAN.

Et Sylvain, tout frisé, qui m'attend dans le monde !

CHAMPBOURCY.

Mes amis, vous sentez-vous capables d'une grande ré-
solution.

* Colladan, Champbourcy, Léonida, Blanche.

TOUS.

Oui !

CHAMPBOURCY.

Parlons bas !... Je vais vous proposer une de ces choses... qui font époque dans la vie d'un peuple...

TOUS.

Ah! mon Dieu !...

CHAMPBOURCY.

Autrefois, il y eut un homme appelé Monte-Christo... c'est de l'histoire... la haine de la favorite le fit enfermer à la Bastille... il y resta trente-cinq ans.

COLLADAN et BLANCHE.

Trente-cinq ans !

LÉONIDA.

Comme Latude !

CHAMPBOURCY.

Comme Latude !... au fait... je crois que c'est Latude... ce n'est pas Monte-Christo... bref, ce que je veux vous proposer, c'est une évasion... y consentez-vous ?

COLLADAN.

Parbleu !... nous ne demandons que cela !... mais par où ? la porte est fermée !...

CHAMPBOURCY, allant à la fenêtre; tous remontent un peu.

Parlons bas !... la fenêtre nous reste...

LÉONIDA.

Mais les dames...

CHAMPBOURCY, courant à la fenêtre.

Un premier étage... au-dessous... une cour... avec un tas de fumier.

COLLADAN.

De l engrais... je connais ça... un vrai lit de plumes !...

LÉONIDA.

Mais nous allons en soirée !...

CHAMPBOURCY, poussant un cri.

Oh! une corde ! (Il la montre.)

TOUS, remontés près de la fenêtre.

Une corde !...

CHAMPBOURCY.

Je m'y accroche... une fois en bas... je me procure une échelle... attendez-moi... (Il saisit la corde; on entend un bruit de cloche effroyable.) Ah! sapristi ! il y a une cloche au bout. (On entend grincer la serrure.)

COLLADAN.

On vient !... (Il s'assied à la place de Bichut.)

CHAMPBOURCY, s'éloignant de la fenêtre.

Du sang-froid !... asseyez-vous tous !... souriez!...

(Tous les quatre s'asseoient sur le banc *.)

SCÈNE VIII

LES MÊMES, LE GARDIEN.

LE GARDIEN, entrant.

Quel est ce bruit?

COLLADAN.

Je n'ai rien entendu!

CHAMPBOURCY.

C'est quelqu'un qui sonne dans la cour.

LE GARDIEN.

Ne vous impatientez pas, la voiture ne va pas tarder à
arriver.

(Il ferme la fenêtre avec une barre de fer et un cadenas.)

COLLADAN, bas aux autres.

Il met les cadenas!

CHAMPBOURCY, à part, fouillant sa poche.

Et rien !... rien pour corrompre ce geôlier. (Se levant; au
gardien **.) Monsieur, on m'a tout pris... mais j'habite la
Ferté-sous-Jouarre. Si jamais vous passez par là... ma maison... ma table...

LE GARDIEN.

Plaît-il ?...

COLLADAN.

Venez dîner chez nous... je vous ferai boire un petit re-
ginguet.

LE GARDIEN.

Une tentative de corruption ! je vais la faire consigner au
procès-verbal !

(Il sort.)

* (Colladan à la table), Champbourcy, Léonida, Blanche (sur
banc).

** Colladan, Le gardien, Champbourcy, Léonida et Blanche (sur
banc).

SCÈNE IX

LES MÊMES moins LE GARDIEN !

CHAMPBOURCY.

Flambés !

COLLADAN, poussant un cri.

Ah !

TOUS.

Quoi donc ?

COLLADAN.

Ma pioche ! ils ont oublié ma pioche !

TOUS.

Eh bien ?

COLLADAN*.

Je fais un trou dans la muraille et nous filons par la maison voisine.

CHAMPBOURCY.

Sublime ! (Colladan remonte vivement.)

LÉONIDA.

J'aime mieux ça que la fenêtre.

CHAMPBOURCY.

Allez ! dépêchez-vous !

COLLADAN, lève la pioche et s'arrête.

Oui, mais ils vont m'entendre cogner par là ! (indiquant la droite.)

CHAMPBOURCY.

C'est vrai !

LÉONIDA.

Comment faire ?

COLLADAN.

Chantez tant que vous pourrez .. ça couvrira le bruit.

CHAMPBOURCY.

Comme dans Fualdès. (Aux femmes.) Allons !

BLANCHE.

Mais quoi chanter ?

LÉONIDA.

Mon grand air de Guillaume Tell !...

CHAMPBOURCY.

Non ! ça ne fait pas assez de bruit... la chanson que

*Blanche, Léonida, Champbourcy, Colladan.

composée pour le banquet des pompiers... vous y êtes?
(à Colladan) Tapez, vous !

Colladan se met à frapper contre la muraille de droite pendant
que les trois autres chantent groupés à gauche.

CHAMPBOURCY, BLANCHE, LÉONIDA.

AIR : *de Sologne.*

Chez nous est arrivé
Un Champenois crotté,
Il était si crotté
Qu'il en faisait pitié.

TOUS.

Il secouait, secouait
Sa blouse, sa blouse
Il secouait, secouait
Sa blouse, tant qu'il pouvait.

(A la fin du couplet plusieurs platras se détachent et tombent à terre.

COLLADAN

Ah ! saprelotte ! qu'est-ce que nous allons faire de
tout ça ?

CHAMPBOURCY.

Dans nos poches... il y a de la place... (Ils ramassent les
débris et les mettent dans leurs poches.)

COLLADAN.

Là !.. maintenant continuons.

(Ils chantent)

Et où le mettrons-nous ?
Dedans notre cellier.

BLANCHE, près de la porte, fond gauche.

Chut ! on ouvre la porte !

CHAMPBOURCY.

Ah ! sapristi ! et le trou, comment le cacher?

COLLADAN.

Nom d'un nom !

CHAMPBOURCY *.

Ah ! Léonida ! plaque-toi là ! (Il la pousse contre le mur,
levant le trou.)

COLLADAN.

Juste ! la mesure.

CHAMPBOURCY.

Ne bouge pas.

SCÈNE X

LES MÊMES, BÉCHUT *.

BÉCHUT, entrant avec un papier et un crayon à la main.
Vous avez oublié de me donner vos noms et prénoms...
J'en ai besoin pour rédiger mon procès-verbal.

CHAMPBOURCY.
Théophile-Athanase Champbourcy, de la Ferté-sous-
Jouarre, commandant...

BÉCHUT, écrivant.
C'est inutile. (Désignant Blanche). Mademoiselle?...

BLANCHE.
Blanche-Rosalie Champbourcy...

COLLADAN, cachant sa pioche derrière son dos.)
Jean-Cadet Colladan.

BÉCHUT, à Champbourcy, désignant Léonida.
Madame est votre femme?

LÉONIDA, faisant un mouvement.
Sa sœur... Je suis demoiselle.

CHAMPBOURCY,
Ne bouge pas! (Léonida se recolle contre le mur.)

BÉCHUT.
Ne craignez rien... approchez... (Elle ne bouge pas. Je
vous dis d'approcher... Approchez donc... (Léonida quitte
'a place. Colladan la prend vivement et bouche le trou.**)

BÉCHUT, à Léonida.
Vous vous appelez!...

LÉONIDA.
Zémire-Léonida Champbourcy.

BÉCHUT.
C'est tout... un jour de Mardi-gras, on trouve difficile-
ment des voitures... mais il va en arriver une. (Il sort.)

SCÈNE XI

LES MÊMES ***, puis LE GARDIEN.

TOUS.
Il est parti!

* Béchut, Blanche, Champbourcy, Colladan, Léonida.
** Béchut, Léonida, Blanche, Champbourcy, Colladan.
*** Blanche, Léonida, Champbourcy, Colladan.

COLLADAN, frappant la muraille.

A la pioche! chantez !

TOUS, chantant.

Et où le mettrons-nous ?
Dedans notre cellier.

COLLADAN, les interrompant.

Chut! le trou traverse!

TOUS.

Sauvés !

CHAMPBOURCY.

J'entends parler!

COLLADAN.

Voyons chez qui nous allons entrer... (Il aspire.) Ça sent le tabac (il regarde par le trou et recule épouvanté), une caserne de municipaux !

TOUS.

Ah !

CHAMPBOURCY.

Sapristi !

LE GARDIEN, entrant.

La voiture est en bas... allons, en route? Un trou dans la muraille *!... Qui est-ce qui a fait cela?

COLLADAN.

Ce sont les souris.

LE GARDIEN.

Une pioche! une tentative d'évasion... votre affaire est bonne!... en route!

(D'autres gardiens sont entrés et les entraînent pendant le chœur.)

CHŒUR

AIR :

LES GARDIENS,
En prison
Et qu'à l'instant on les mène
Leur résistance est vaine
Pas de raison !

LES AUTRES.
En prison
Se peut-il qu'on nous mène,
La résistance est vaine.
Pas de raison !

Léonida, Blanche, Champbourcy, Colladan, Le gardien.

LE RIDEAU BAISSE.

ACTE QUATRIÈME

A PARIS CHEZ COCAREL.

Le théâtre représente un salon brillamment éclairé. Trois portes au fond ouvrant sur un second salon. Porte à droite et à gauche. Secrétaire, cheminée à gauche. Deuxième plan, à droite, grand pupitre, sur lequel est un grand livre fermé par un énorme cadenas, candélabres, etc. Une table-bureau à gauche, premier plan, chaises, fauteuils, etc., etc.

SCÈNE PREMIÈRE

COCAREL, JOSEPH.

Au lever du rideau, Joseph achève d'allumer les bougies des candélabres.

COCAREL, entrant du plan coupé gauche.

Dépêche-toi, Joseph.

JOSEPH.

C'est fini, Monsieur... faut-il allumer aussi dans les autres salons?

COCAREL.

Mais certainement... aujourd'hui grande soirée... en revue de première classe. Une jeune personne de la Ferté-sous-Jouarre... cent mille francs de dot!... tu as commandé des glaces, des petits fours!

JOSEPH.

Oui, Monsieur.

COCAREL.

Très-bien, tu as prévenu aussi notre personnel de danseurs, de danseuses?

JOSEPH.

Oui, Monsieur. Ils viendront tous... sauf M. Anatole.

COCAREL.

Comment! Anatole ne viendra pas... et pourquoi?

JOSEPH.

Il demande de l'augmentation... c'est Mardi-Gras, il voulait dix francs.

COCAREL

C'est insensé! il me semble que cinq francs et une paire de gants paille... c'est très-raisonnable!

JOSEPH.

C'est ce que je lui ai dit...

COCAREL.

Je reconnais qu'il est très-bien... sa tenue est parfaite!... Ce n'est qu'un premier clerc de coiffeur... eh bien! l'autre jour on l'a pris pour un attaché d'ambassade.

JOSEPH.

Et puis il sent si bon!

COCAREL.

C'est vrai!... il a toujours l'air de sortir d'un pot de pommade... ça fait bien dans un salon.

JOSEPH.

Il a promis d'envoyer un de ses amis pour le remplacer.

COCAREL.

C'est égal, je le regrette... c'était mon étoile... enfin! allume dans le grand salon... et baisse les lampes... jusqu'à ce qu'on arrive.

(Joseph sort par le fond à droite.)

SCÈNE II

COCAREL, seul regardant la pendule.

Sept heures trois quarts... Si j'en crois sa dépêche : la belle Léonida ne tardera à arriver. (Tirant un papier de sa poche et lisant.) « Moi, venir à huit heures... moi, bien émue... moi, « pas dormir... » Elle parle nègre elle est peut être créole... voyons son dossier. (Il va à son pupitre et prend sur la tablette de dessous des papiers.) Remettons-nous en mémoire les détails de sa personne. (Prenant une lettre et lisant.) « Je suis brune... » (Parlé.) Sapristi! pourvu que ce ne soit pas une négresse!... c'est très-difficile à écouler... cependant l'année dernière j'en ai réussi une... mais c'est un autre prix!... je prends 10 pour 100 sur la dot au lieu de 5. (Lisant.) « Mon front est pâle... » ah! elle est blanche. (Lisant.) Une tendre mélancolie. tempérée par une douce

« gaieté, brille dans mes yeux, je suis distinguée de ma-
« nières sans afféterie, expansive, douce... » (Parlé.) Elle
entend le prospectus... (Lisant.) « Il ne m'appartient
« pas de parler de mon cœur, mais depuis mon enfance,
« je me suis dévouée à soigner un frère beaucoup plus
« âgé que moi, c'est un vieillard goutteux, morose, désa-
« gréable... et cependant jamais une plainte ou un re-
« proche ne s'est échappé de mes lèvres de roses. Enfin,
« si la personne me plaisait, je consentirais à habiter une
« petite ville bien située... »

SCÈNE III

COCAREL, SYLVAIN, puis JOSEPH.

SYLVAIN *, paraissant au fond, à gauche.

Monsieur Cocarel?

COCAREL.

Hein! que voulez-vous?

SYLVAIN.

C'est moi; je viens pour la soirée.

COCAREL.

Ah! très-bien! (A part.) L'ami d'Anatole... son remplaçant.
(Haut.) Attendez, il faut que je vous examine...

(Il va au pupitre déposer ses papiers.)

SYLVAIN, à part, étonné.

Il va m'examiner!

COCAREL, revenant.

Voyons! tournez-vous!.. pas mal!.. pas mal... votre gilet
est bien... mais le pantalon n'est pas de la première fraî-
cheur...

SYLVAIN.

Dame!... on met ce qu'on a.

COCAREL.

Oh! mon ami! il manque un bouton à votre habit... Ah
je n'aime pas ça!

SYLVAIN, à part.

En voilà un qui épluche ses invités!

COCAREL.

Vous passerez au vestiaire... on vous en remettra un.

SYLVAIN, à part.

Tiens! on est raccommodé!

* Sylvain, Cocarel.

COCAREL.

Je n'ai pas besoin de vous recommander de la tenue, de la réserve... un langage châtié, pas de mots équivoques, d'allusions grossières...

SYLVAIN.

Oui... faut pas dire de bêtises aux dames.

COCAREL.

Autre chose! on passera des glaces... des bonbons as sortis... vous n'y toucherez pas.

SYLVAIN, étonné.

Ah!

COCAREL.

Vous n'avez droit qu'à une brioche et à une tasse de thé.

SYLVAIN.

Je n'aime pas le thé... c'est fadasse!

COCAREL.

Fadasse! voilà un mot que je n'aime pas... dites : Le docteur me le défend... soyez homme du monde, palsembleu! attendez! (Il va à la table et prend une paire de gants dans le tiroir *.)

SYLVAIN, à part et passant.

Ah! bien! voilà un drôle de bonhomme! il fait passer des glaces et il défend à ses invités d'en prendre!

COCAREL, revenant avec une paire de gants blancs.

Tenez... voici vos gants...

SYLVAIN, surpris.

Des gants!

COCAREL.

Ayez-en soin... il faut que ça fasse deux fois... n'en mettez qu'un... vous tiendrez l'autre à la main... (lui donnant de l'argent.) plus vos cinq francs.

SYLVAIN.

Comment... cinq francs?

COCAREL.

Ne discutons pas, je vous prie!... cinq francs les cavaliers et trois francs les dames... c'est ce que je donne... c'est l'usage!

SYLVAIN, mettant l'argent dans sa poche.

Si c'est l'usage... (A part.) Cinq et dix-sept que j'ai... ça fait vingt-deux... Après le bal de l'Opéra, je m'offrirai à souper.

* Cocarel, Sylvain.

COCAREL, refermant le tiroir de la table.

Vous direz à Anatole que je ne suis pas content de lui...
il augmente ses prix.

SYLVAIN.

Qui ça, Anatole?

COCAREL.

Eh bien! votre ami...

SYLVAIN.

Je ne connais pas d'Anatole.

COCAREL.

Comment!... mais alors, qui est-ce qui vous envoie?

SYLVAIN.

C'est papa... Il m'a dit de venir chez vous... je suis venu.

COCAREL.

Ah! je comprends!... Monsieur votre père désire vous
marier...

SYLVAIN.

Je ne sais pas...

COCAREL.

C'est évident!... je vous demande mille pardons. Je
vous ai pris pour un de mes... Vous êtes un client... un
fils de famille...

SYLVAIN.

Je suis le fils à papa.

COCAREL, lui reprenant le gant que Sylvain est en train de mettre.

Rendez-moi les gants et les cinq francs!

SYLVAIN.

Ah! il faut rendre... (Rendant les gants et les cinq francs. A
part.) Quelle drôle de soirée.

COCAREL, le faisant passer. *

Asseyez-vous... Je vais vous inscrire sur mon grand-
livre... là se trouvent les plus beaux partis de France.
(Cocarel ouvre le cadenas de son grand-livre qui fait un cric-crac
très-bruyant.)

SYLVAIN.

Faudra graisser ça!

COCAREL.

Veuillez avoir l'obligeance de me donner vos noms et
prénoms.

SYLVAIN, à part.

Qu'est-ce que je risque? (Haut.) Sylvain-Jérôme Colladan...

* Sylvain, Cocarel.

COCAREL, se ravisant.

Ah! pardon! déposez-vous les cinq louis?

SYLVAIN.

Ah non! par exemple!

COCAREL.

C'est pour les premières démarches.

SYLVAIN.

Papa va venir; il m'a donné rendez-vous...

COCAREL.

Ici? Très-bien! nous traiterons ensemble cette question.

JOSEPH, entrant de gauche.

Monsieur, voici vos invités qui arrivent!...

COCAREL. il referme son livre.

Ces dames sont là... je vais les grouper.

SYLVAIN.

Dites donc!... groupez moi avec!...

COCAREL, à Sylvain.

Venez!... venez!... (Ils sortent par le fond.)

SCÈNE IV

JOSEPH, puis CORDENBOIS.

JOSEPH, seul.

Le patron va être occupé ce soir... je me paierai quelques glaces... et pas mal de tasses de thé...

CORDENBOIS (à la cantonade.)

C'est bien! c'est bien! (Cordenbois paraît à la porte du fond; il est en grande tenue. Pantalon collant, gilet de satin blanc, jabot et claque.)

JOSEPH.

Ah! le monsieur de ce matin... Allons prévenir M. Cocarel. (Il sort à droite.)

CORDENBOIS, entrant du fond.

Voilà! j'ai loué tout ça chez Babin. C'est tout neuf!... et sauf deux taches de graisse qu'on a fait disparaître... seulement je sens la benzine... je me suis arrosé d'eau de Cologne... (Se flairant.) mais la Benzine domine!... C'est peut-être une bêtise que je fais en venant ici... Après cela, elle ne peut pas m'entraîner bien loin!... de deux choses l'une : ou cette jeune fille... celle qui se fait annoncer dans le journal... — est jolie ou elle est laide, si elle est laide j'en serai pour les cinq louis que Cocarel m'a

fait déposer ce matin... mais si elle est jolie... je fais une
magnifique affaire... je ne parle pas du bonheur qu'on a à
épouser une jolie femme... Dam! on n'est pas de marbre! je
me suis dit : elle a 5,000 francs de rente... ma pharmacie en
rapporte quatre. Ça fait neuf. Je compte y joindre un petit
commerce de mercerie, de parfumerie et d'épicerie...
pour occuper ma femme... mettons 1,000 francs seulement... ça me fera dix... autant que Champbourcy. Je
donnerai une pompe à la commune... il sera furieux! il
y a une chose qui m'inquiète... Cocarel m'a annoncé que
j'avais un concurrent, c'est même pour lui que l'entrevue
a été arrangée... mais comme m'a fort bien dit l'entrepreneur : c'est une lutte... au plus aimable! (Se flairant.)
Je crois que j'ai quelques chances... Mon Dieu! que je
sens la benzine... Ah ça! je voudrais bien savoir ce que
sont devenus les Champbourcy... je les ai attendus deux
heures en haut de l'Arc-de-Triomphe... je n'en suis des-
cendu que lorsque le gardien m'a dit qu'on allait fermer
le monument... Je n'ai vu personne; ce n'est pas gen-
til!... quand on convient de manger une cagnotte, on ne
doit pas la manger les uns uns sans les autres... je m'en
expliquerai avec Champbourcy, ce soir, au chemin de fer...
nous devons prendre le dernier train.

SCÈNE V

CORDENBOIS, COCAREL, puis JOSEPH.

COCAREL*, entrant du fond, très-préoccupé.
(A part.)

Neuf heures! et Léonida n'arrive pas! (apercevant Cordenbois.) Ah! vous voilà!

CORDENBOIS.

Je suis en retard?...

COCAREL.

Non!... c'est la demoiselle... (l'examinant.) Ah! très-
bien... le gilet a du style.

CORDENBOIS.

N'est-ce pas?

COCAREL.

Ne bombez pas autant la poitrine... vous bombez trop.

* Cordenbois, Cocarel.

CORDENBOIS.

Je ne bombe pas exprès... c'est la ceinture... (se reprenant) c'est la nature.

COCAREL, respirant l'air.

Quelle drôle d'odeur! vous ne sentez pas?

CORDENBOIS.

Non... je ne sens rien... (A part) la benzine! (Haut.) dites-moi... ce monsieur... mon rival... est-il arrivé?

COCAREL.

Oui... il se promène dans les salons...

CORDENBOIS.

Ah! faites-le moi voir?

COCAREL.

Oh! impossible!

CORDENBOIS.

Dites-moi seulement s'il est beau.

COCAREL.

Pas mal!

CORDENBOIS.

Plus beau que moi, hein?

COCAREL.

Il a moins d'ampleur...

CORDENBOIS.

Qu'est-ce qu'il fait?

COCAREL.

Oh! c'est un homme!... je ne peux pas le dire.

CORDENBOIS.

Est-il décoré?

COCAREL.

Non.

CORDENBOIS.

Ah! tant mieux! vous savez... vous m'avez promis de me faire passer le premier.

COCAREL.

Soyez tranquille. (A part, tirant sa montre.) Neuf heures un quart... pourvu qu'elle arrive.

JOSEPH * entrant vivement de droite avec un plateau chargé de glaces et de brioches.

Monsieur!

COCAREL vivement.

C'est elle?

Cordenbois, Cocarel, Joseph.

JOSEPH, bas.

Non, c'est Mademoiselle Amanda qui s'est jetée sur une glace et la mange... elle dit que c'est Mardi-gras.

COCAREL, à part.

L'effrontée! je vais lui parler. (A Cordenbois.) Vous permettez... on m'annonce l'arrivée d'un très-grand personnage.

(Il sort vivement par le fond à droite.)

SCÈNE VI

CORDENBOIS, JOSEPH, puis CHAMPBOURCY, COLLADAN, BLANCHE, LÉONIDA.

CORDENBOIS * à part.

Il reçoit du très-beau monde.

JOSEPH, lui présentant son plateau.

Monsieur désire-t-il une glace?

CORDENBOIS.

Oui... à la vanille! (à part.) j'ai mes raisons... (Prenant une glace.) Ça neutralisera! diable d'odeur! je n'ose pas entrer dans le salon... mais si je pouvais de la porte découvrir mon rival (Il remonte avec sa glace à la porte du fond et disparaît un moment.)

JOSEPH, à part.

Personne!... j'ai envie de m'offrir une glace (Il gagne la droite.)

CHAMPBOURCY, entrant par la porte de gauche et parlant à la cantonade.

Entrez, entrez! vite! et fermez la porte. (Il les fait passer tous devant lui.)

COLLADAN, entre vivement suivi de Léonida et de Blanche **.

Nous voilà!

JOSEPH, à part.

Qu'est-ce que c'est que ceux-là!

CHAMPBOURCY.

Vous êtes sûrs qu'on ne nous a pas suivis?

COLLADAN.

Nous sommes venus toujours en courant...

LÉONIDA.

Jolie manière d'aller en soirée!

* Joseph, Cordenbois.
** Blanche, Léonida, Champbourcy, Colladan, Joseph.

CHAMPBOURCY.

Tu grognes toujours!... heureusement qu'il gèle...
nous ne sommes pas crottés.

BLANCHE, apercevant la cheminée.

Ah! du feu! (Elle s'approche de la cheminée avec Léonida.)

CHAMPBOURCY.

Enfin nous sommes libres!

COLLADAN.

Oui... il faudrait voir maintenant à manger un morceau... nous n'avons pas dîné. (Il remonte vers la cheminée.)

CHAMPBOURCY *.

Et avec quoi? il ne nous ont laissé absolument que nos
mouchoirs.

JOSEPH, s'approchant.

Que demandent ces Messieurs?

CHAMPBOURCY, apercevant le plateau.

Tiens! des brioches!

COLLADAN.

Des brioches!
(Les femmes se lèvent; pendant ce qui suit Champbourcy prend
des brioches sur le plateau, en passe derrière son dos à Colladan qui
en passe à Léonida, qui en passe à Blanche. Colladan en met dans
ses poches, tous mangent.)

CHAMPBOURCY, à Joseph.

Mon ami... veuillez dire à M. Cocarel... que M. Champbourcy de La Ferté-sous-Jouarre est arrivé...

LÉONIDA.

Avec sa sœur Mademoiselle Léonida...

COLLADAN.

Et M. Colladan, également de La Ferté-sous-Jouarre.

JOSEPH, à part.

Ils ont de bonnes têtes! (haut.) Je vais prévenir Monsieur... (Il veut sortir.)

COLLADAN, s'accrochant vivement au plateau.

Le plateau! Laissez le plateau!

JOSEPH.

Mais non, Monsieur! il faut que je le fasse circuler...
(Il se dégage avec son plateau et sort par le fond).

COLLADAN.

Puisqu'il circule nous le retrouverons. (Ils se groupent tous
près la cheminée.)

* Blanche, Léonida, Colladan. Champbourcy, Joseph.

CORDENBOIS, entrant de droite (à part.)

Diable d'odeur!... dans le salon, je me suis approché d'un monsieur, il a reniflé et il a dit : c'est drôle! on dirait qu'il y a une fuite de gaz... c'est ma benzine.

CHAMPBOURCY, * l'apercevant.

Cordenbois!

CORDENBOIS.

Champbourcy!

TOUS.

Lui!

CHAMPBOURCY.

Vous, ici!... Vous connaissez donc Cocarel?

CORDENBOIS, embarrassé.

Oui!... un ami... un vieil ami de vingt ans.

CHAMPBOURCY.

C'est aussi le mien...

CORDENBOIS.

Eh bien! vous êtes gentils!... Nous convenons de manger une cagnotte ensemble et puis vous me perdez!...

CHAMPBOURCY.

Des reproches! je vous avoue, Monsieur, que je ne m'y attendais pas.

LÉONIDA.

C'est de l'impudence!

CORDENBOIS.

Hein!

CHAMPBOURCY.

Il y a des gens, Monsieur, qui ont le talent de disparaître au moment du danger.

COLLADAN.

Ils plongent sous les tables.

CORDENBOIS.

Quoi?

CHAMPBOURCY.

Je n'apprécie pas... je constate... Je crois que Duguesclin n'eût pas fait cela!

CORDENBOIS.

De quoi parlez-vous?

CHAMPBOURCY.

De votre inqualifiable défection, Monsieur!

CORDENBOIS, se fâchant.

Ah! mais, commandant?

* Blanche, Colladan, Champbourcy, Cordenbois, Léonida.

CHAMPBOURCY.

Je suis à vos ordres, Monsieur.

LÉONIDA, s'interposant.

Messieurs !

BLANCHE.

Papa !

COLLADAN, à part.

Ils sont toujours à s'asticoter !

CORDENBOIS.

Je ne sais pas ce que vous avez !... je vous ai attendu
pendant deux heures sur l'Arc-de-Triomphe...

CHAMPBOURCY.

Alors ! il est fâcheux, Monsieur, que l'aspect de ce monument consacré à la gloire et au courage, n'ait pas éveillé
en vous des sentiments...

CORDENBOIS, avec force.

Commandant !...

CHAMPBOURCY, de même.

A vos ordres.

COLLADAN * intervenant et passant entre eux.

Mais vous êtes fous ! des amis !... des enfants de la
Ferté-sous-Jouarre ! Voyons, qu'on se donne la main !...

BLANCHE.

Papa !...

LÉONIDA.

M. Cordenbois !...

CHAMPBOURCY, tendant sa main à Cordenbois.

Soit !... je cède aux instances de ma famille.

CORDENBOIS, lui serrant la main.

A la bonne heure ! Maintenant dites-moi ce que vous êtes
devenu ?

(Léonida et Blanche vont s'asseoir à la cheminée.)

CHAMPBOURCY. **

Nous avons été battus par la tempête... pendant que
certaines personnes rampaient sous les tables...

COLLADAN.

C'est la montre et le ciseau qui sont cause de tout.

CORDENBOIS.

De quoi ?

COLLADAN.

Qu'on voulait nous conduire au dépôt.

* Blanche, Champbourcy, Colladan, Cordenbois, Léonida.
** Champbourcy, Cordenbois, Colladan.

CORDENBOIS.

Quel dépôt?

CHAMPBOURCY.

Nous voilà donc tous les quatre dans le fiacre...

COLLADAN.

Et le gardien sur le siége à côté du cocher...

CORDENBOIS, cherchant à comprendre.

Oui...

CHAMPBOURCY.

Comment nous évader?

CORDENBOIS.

Vous évader... d'où?...

COLLADAN.

Ah! il ne comprend pas!... il faut vous dire que la pioche n'avait pas réussi... vu que c'était une caserne de municipaux... la corde non plus... vu que c'était une cloche.

CORDENBOIS.

Oui.

COLLADAN, à Champbourcy.

Maintenant le voilà au courant, continuez...

CHAMPBOURCY.

Arrivé sur le boulevard... le fiacre prend la file, à cause du bœuf gras qui allait passer... On entend des sons de trompe, tout le monde crie le voilà! le voilà! Le gardien, qui était toujours sur son siége — regarde à droite... je mets le nez à la portière de gauche et j'aperçois quatre pierrots qui faisaient des signes au cocher pour lui demander s'il était libre... je leur fais oui de la tête... le fiacre allait au pas... j'ouvre doucement la portière... nous descendons... les quatre pierrots montent à notre place... et nous nous perdons dans la foule.

COLLADAN.

Pendant que le fiacre conduit les quatre pierrots au dépôt...

(Tous se mettent à rire aux éclats.)

CHAMPBOURCY.

C'est superbe ces quatre pierrots!

COLLADAN.

Et le gardien! voyez-vous le nez du gardien! (à Cordenbois.) Vous comprenez maintenant?

CORDENBOIS.

Pas un mot!

COLLADAN.

C'est votre ceinture qui vous obscurcit !... mais quand on vous explique pendant une heure. (S'arrêtant.) Pristi' que vous sentez mauvais !

CHAMPBOURCY, à part.

C'est donc lui ?... (Colladan et Champbourcy vont à la cheminée.

CORDENBOIS.

Encore! Je sais ce que c'est ! (à part.) Il faut absolument que je me procure un flacon d'essence de musc... je me le verserai dans le dos. (Il sort par le fond de droite.)

BLANCHE, à la cheminée.

Papa, j'ai soif...

COLLADAN.

Moi aussi... c'est la brioche... venez avec moi! nous allons donner la chasse au plateau ! (Il lui donne le bras.) Colladan et Blanche sortent par le fond.)

SCÈNE VII

CHAMPBOURCY, LÉONIDA, puis COCAREL.

LÉONIDA. *

M. Cocarel va venir.

CHAMPBOURCY

Je suis curieux de voir ce bonhomme-là !

LÉONIDA.

Je ne suis pas trop décoiffée ?

CHAMPBOURCY.

Non... mais tes souliers sont pleins de poussière... attends! (Il tire son mouchoir et fait tomber un platras de sa poche.)

LÉONIDA.

Qu'est-ce que c'est que ça?

CHAMPBOURCY.

Une pierre de notre cachot. (Il repousse la pierre du pied et se met à épousseter les souliers de Léonida. (A part.) Je suis convaincu que ça ne servira à rien... elle est trop mûre.

COCAREL, paraissant à la porte du milieu au fond.

Enfin vous voilà !

CHAMPBOURCY **.

Oh ! (Il s'essuie vivement la figure avec son mouchoir pour se donner une contenance.)

* Léonida, Champbourcy.
** Léonida, Champbourcy, Cocarel.

COCAREL.

On m'annonce à l'instant votre arrivée...

CHAMPBOURCY, se présentant.

Théophile Champbourcy...

CCOCAREL, saluant.

Enchanté ! (a part, regardant Léonida.) La maman ! (Haut.)
Où est la jeune personne ?

CHAMPBOURCY.

Qui ça ?

COCAREL.

La belle Léonida.

LÉONIDA, baissant les yeux.

C'est moi!

COCAREL, vivement.

Ah ! bah !

LÉONIDA.

Quoi donc ?

COCAREL.

Rien... rien...

CHAMPBOURCY, à part.

Elle a produit son effet... Je crois que nous pouvons
filer !

COCAREL, à part.

C'est un beau grenadier... il faut s'y habituer.

CHAMPBOURCY.

Voyons! franchement... ça ne se peut pas, n'est-ce pas ?

LÉONIDA.

Comment !

COCAREL, très-gracieux.

Mais je ne dis pas cela... Mademoiselle est fort bien...
et très-capable d'inspirer une passion...

CHAMPBOURCY.

Elle! mais regardez-la donc !

LÉONIDA, furieuse.

Théophile!

CHAMPBOURCY.

Non... c'est pour répondre à Monsieur... l'épouserie-z-
vous, vous?

COCAREL.

Mais certainement... si les circonstances...

CHAMPBOURCY.

Laissez-moi donc tranquille!

LÉONIDA.

Théophile!... vous n'êtes qu'un sot... un impertinent comme toujours!

CHAMPBOURCY.

Du reste, allez!... moi je ne demande pas mieux... parce que si vous connaissiez son caractère... il n'y a pas au monde d'être plus désagréable... plus acariâtre...

COCAREL * remonte et passe.

Chut donc!...

LÉONIDA.

C'est faux... Monsieur, ne le croyez pas!...

CHAMPBOURCY.

Et difficile sur la nourriture! Mademoiselle ne mange pas de bœuf!... il faut jeter le bœuf!...

COCAREL.

Mais pas si haut! on peut vous entendre!

CHAMPBOURCY.

C'est juste!... il est par là le malheureux.

COCAREL.

J'en ai deux!...

LÉONIDA, joyeuse.

Deux! ah! allons les voir! (Elle remonte.)

COCAREL, l'arrêtant.

Mais un instant, vous n'êtes pas habillée...

LÉONIDA.

Comment?

COCAREL.

Une robe montante pour un bal...

LÉONIDA.

Ah! mon Dieu!... mais je n'ai pas de robe décolletée...

CHAMPBOURCY, frappant sur son gousset.

Et je vous avoue que s'il fallait en acheter une dans ce moment...

COCAREL.

Soyez donc tranquille!... ici, tout est prévu... veuillez conduire Mademoiselle au magasin... (indiquant la porte de gauche.) par là... Vous demanderez Louise... c'est mon habilleuse... quand vous sortirez de ses mains... personne ne vous résistera!

* Léonida, Cocarel, Champbourcy.

CHAMPBOURCY *, qui est remonté revient en scène.

Tenez, Cocarel... Si vous pouvez me la caser... je suis disposé à faire un sacrifice. J'ajoute 20,000 francs à la dot.

LÉONIDA, avec sentiment.

Ah! mon frère! ceci rachète bien des choses!

CHAMPBOURCY.

Si on te case.

COCAREL.

120,000 francs! mais j'ai marié une négresse de 56,000 francs!... Soyez tranquille!... Allez vous habiller.

CHAMPBOURCY.

Oui... nous demanderons Louise... l'habilleuse... et je me donnerai un coup de brosse. (Il entre à gauche avec Léonida.)

SCÈNE VIII

COCAREL, puis SYLVAIN et COLLADAN, puis CORDENBOIS.

COCAREL, seul, les regardant sortir.

Cinq pieds six pouces... de la maturité; mais 120,000 francs! (Trouvant la pierre tombée de la poche de Champbourcy.) Tiens!... Un platras. (Il le ramasse et regarde le plafond avec inquiétude.) On construit si mal aujourd'hui! (Il met la pierre dans sa poche.) C'est de la corniche probablement.

SYLVAIN, entrant du fond et tenant son père par la main.

Entrez!... il désire vous voir...

COCAREL, à la table de gauche et se retournant.

SYLVAIN. **

Voilà, papa...

COCAREL.

Ah! Monsieur! permettez-moi de vous remercier de la confiance que vous avez bien voulu m'accorder!

COLLADAN.

On m'a dit que je pouvais venir sans cérémonie...

COCAREL.

Comment donc! ma maison est ouverte à tous les pères de famille... (montrant Sylvain.) J'ai causé avec le jeune homme... il me plaît beaucoup.

* Léonida, Champbourcy, Cocarel.
** Cocarel, Colladan, Sylvain.

COLLADAN.

C'est pas encore malin... mais c'est bon enfant.

COCAREL.

Soyez tranquille... nous lui trouverons une femme et une bonne...

COLLADAN.

Comment ! vous auriez la bonté de vous occuper de lui !

COCAREL.

N'est-ce pas mon devoir ?

COLLADAN.

Remercie donc monsieur !...

SYLVAIN*, passant.

Merci, M. Cocarel... J'ai vu une petite boulotte dans le salon... tâchez de me trouver quelque chose dans ce genre-là.

COCAREL.

Nous chercherons... mais prenez donc la peine de vous asseoir !

COLLADAN** passant.

C'est pas de refus. (Il s'asseoit ainsi que Sylvain.)

COCAREL.

Vous tombez bien... dans ce moment j'ai de très-belles occasions... attendez ! je vais consulter mon livre.

(Il ouvre son cadenas qui fait son cric-crac habituel.)

COLLADAN à Sylvain

Pourquoi qu'il ouvre cette manivelle là ?

SYLVAIN.

J'en sais rien...

COLLADAN, à part.

J'ai rencontré le plateau... j'ai refait ma provision de brioches (il en sort une de sa poche et la mange.)

COCAREL., consultant son registre.

Voyons !... je ne lis pas les noms... vous comprenez... la discrétion est le nerf de ma profession... (lisant.) N° 2,403... Cela fera peut-être votre affaire...

COLLADAN.

Comment !... c'est des mariées que vous avez dans ce gros livre ?...

COCAREL.

Certainement !... (Lisant.) 2,403... cinquante mille francs de dot...

* Cocarel, Sylvain, Colladan.
* Sylvain, Colladan, Cocarel.

COLLADAN.

Je voudrais mieux que cela.

SYLVAIN.

Moi aussi !

COCAREL.

Attendez !... (Il feuillette son livre.)

COLLADAN, croyant tirer une autre brioche de sa poche, amène
une pierre et mord dedans.

Ah ! saperlotte ! un caillou ! je m'ai ébréché ! (Il le pose à
terre.

COCAREL.

N° 9,827..... quatre-vingt mille francs !...

COLLADAN.

Je préfère celle-là...

COCAREL, lisant.

« Santé parfaite... caractère enjoué... musicienne si
« on le désire...

COLLADAN.

Oh ! nous ne tenons pas à ces bêtises-là.

COCAREL., venant à eux.

Seulement il faut tout dire... elle a un œil...

SYLVAIN.

Elle louche ?

COCAREL.

Oh non !... elle est borgne... vous finiriez toujours
par vous en apercevoir... j'aime mieux vous prévenir.

COLLADAN.

Mon Dieu ! nous ne tenons pas aux yeux...

SYLVAIN, se levant.

Cependant, papa !

COLLADAN, se levant.

On voit aussi bien avec un œil qu'avec deux.

COCAREL, frappé d'une idée.

Mais j'y pense !... j'ai mieux que ça à vous offrir... une
femme superbe.

SYLVAIN.

Boulotte ?

COCAREL.

Et un cœur !... Elle a consacré les plus belles années
de sa vie à soigner un vieillard goutteux, repoussant...

COLLADAN.

Ça, ça nous est égal !

SYLVAIN.

Je n'ai pas de rhumatismes.

COCAREL.

120,000 francs de dot !

COLLADAN.

Mazette !

SYLVAIN.

J'en veux bien.

COCAREL, à part.

Ça m'en fera trois à offrir à la belle Léonida.

COLLADAN.

Tenez !... je vais vous proposer une affaire...

COCAREL.

Voyons !...

COLLADAN.

L'enfant épousera la demoiselle de 80,000..

SYLVAIN.

La borgne ?

COLLADAN.

Oui ! la borgne !... Et moi je m'arrangerai de celle de 120 mille.

COCAREL.

Vous ?

SYLVAIN.

Une marâtre !... à votre âge ?

COLLADAN.

Il y a des dimanches où on est encore très-gaillard !
(Il indique un mouvement de danse, et manque à tomber.)

COCAREL, à part.

Au fait ça me fera deux mariages !... le père et le fils.
(Haut.) Je vais vous inscrire. (Il va à son pupitre.)

COLLADAN.

C'est ça, inscrivez-nous.

COCAREL, revenant.

C'est dix louis...

COLLADAN.

Hein ! Pourquoi dix louis ?

COCAREL.

Cinq pour vous et cinq pour Monsieur votre fils.

COLLADAN.

Je veux bien vous faire un petit cadeau... mais avant, je demande à voir les demoiselles...

COCAREL.

Déposez d'abord.

COLLADAN.

Non, faites voir avant.

COCAREL.

Ce n'est pas l'usage.

COLLADAN.

Alors je ne me marie pas... l'enfant non plus.

COCAREL.

Comme vous voudrez! (Il ferme son cadenas.)

SYLVAIN, bas.

Papa, offrez-lui huit louis...

COLLADAN, bas.

Mais puisque je n'ai pas le sou!... on nous a pris la cagnotte...

SYLVAIN, à part.

Pas le sou! et je pose depuis deux heures... je file au bal de l'Opéra. (Il sort par le fond.)

CORDENBOIS, entrant de droite, pan coupé.

Je vous dérange?

COCAREL *, il passe.

Non... entrez donc?

COLLADAN, à part.

J'ai encore soif... C'est la brioche... Je vais à la découverte du plateau.

COCAREL, bas à Colladan.

Réfléchissez... 120,000 francs de dot!

COLLADAN, remontant pour sortir.

Faites voir avant!... je ne sors pas de là... (Cocarel le suit, apercevant le plateau qui passe dans le grand salon.) Ah! voilà le plateau! (Il sort vivement.) Jeune homme!... (Il sort par le fond.)

SCÈNE IX

COCAREL, CORDENBOIS. **

CORDENBOIS.

Eh bien! est-elle arrivée?

COCAREL.

Oui!

CORDENBOIS.

Vous l'avez vue? Est-elle blonde? moi d'abord je n'aime que les blondes.

* Colladan, Cocarel, Cordenbois.
** Cocarel, Cordenbois.

COCAREL.

Ce n'est plus cent mille francs, c'est cent vingt mille francs qu'elle a!

CORDENBOIS.

Est-il possible?

COCAREL.

Par exemple, elle est brune.

CORDENBOIS.

Oh! ça ne fait rien. Je n'aime que les brunes!

COCAREL, trouvant à terre le caillou laissé par Colladan et le ramassant.

Tiens! (Il regarde de nouveau le plafond avec inquiétude.)

CORDENBOIS *, passant.

Qu'avez-vous?

COCAREL.

Ça fait deux! (Il met la pierre dans sa poche.)

CORDENBOIS.

Oh! je suis d'une impatience!... présentez-moi!

COCAREL.

Restez ici... elle va venir seule dans ce petit salon...

CORDENBOIS.

Quand ça?

COCAREL.

Tout de suite. Je ferai en sorte que personne ne vous dérange... et surtout... (s'interrompant) c'est drôle comme ça sent le musc!

CORDENBOIS.

Ne vous inquiétez pas de ça... vous me disiez : et surtout?

COCAREL.

Surtout ne bombez pas comme ça! (Près de la porte.) Vous bombez trop!

(Il entre à droite.)

SCÈNE X

CORDENBOIS, puis LÉONIDA, puis COCAREL.

CORDENBOIS, seul.

C'est ma ceinture... si je l'ôtais!... oh! non!... elle pourrait me surprendre... c'est drôle! je suis ému...

Cordenbois, Cocarel.

comme un enfant... si j'allais ne pas lui plaire... rele-
vons mes boucles...

LÉONIDA, * entrant de gauche, elle est en robe de bal (à part).

M. Cocarel m'a dit que je trouverai ce jeune homme
dans ce petit salon... voilà que j'ai peur! (Apercevant Cordenbois.) Oh! Monsieur Cordenbois!... quel ennui!...

CORDENBOIS, l'apercevant, à part.

Mademoiselle Léonida! elle va me gêner!...

LÉONIDA, à part.

Il faut l'éloigner!

CORDENBOIS, à part.

Débarrassons-nous en!... (Haut.) Votre frère vous cher-
chait tout à l'heure... de l'autre côté...

LÉONIDA, à part.

Une idée! (Haut.) C'est que je n'ose entrer dans ce salon...
une femme seule,... voulez-vous avoir l'obligeance de
m'offrir votre bras?

CORDENBOIS.

Avec plaisir.

LÉONIDA, à part.

Je le perds dans la foule et je reviens.

CORDENBOIS, à part.

Une fois entrés... je la lâche!... (Haut.) Mademoiselle...
(Il lui offre son bras avec galanterie et tous deux sortent par le
fond. A peine sont-ils sortis que Cocarel entre par la porte de
droite.

COCAREL.

Eh bien! qu'est-ce que nous disons?... Tiens! personne!
où sont-ils donc?
(Il sort vivement par la porte du milieu. Au même instant Corden-
ois et Léonida rentrent par le fond, l'un par la porte de gauche
l'autre par la porte de droite.

LÉONIDA * de gauche

Perdu!

CORDENBOIS.

Lâchée!

LÉONIDA, l'apercevant.

Vous?

CORDENBOIS, de même.

Encore!

COCAREL, reparaissant par la porte du milieu

Ah! les voilà!

* Léonida, Cocarel.
* Léonida, Cordenbois.

SCÈNE XI

CORDENBOIS, COCAREL, LÉONIDA.

COCAREL *, se plaçant entre eux très-souriant.

Eh! bien? qu'est-ce que nous disons?

LÉONIDA.

Quoi?

CORDENBOIS.

Plait-il?

COCAREL, à Léonida.

C'est lui! (à Cordenbois.) c'est elle!

CORDENBOIS.

Léonida?

LÉONIDA, exaspérée.

Le pharmacien! je n'en veux pas!

CORDENBOIS, de même.

Moi, non plus!

LÉONIDA.

Mais nous nous connaissons!...

COCAREL.

Ah bah!

CORDENBOIS.

Nous jouons la bouillotte depuis vingt ans!...

LÉONIDA.

Si c'est pour ça que vous m'avez fait venir à Paris?

CORDENBOIS.

Rendez-moi mes cinq louis!

COCAREL, les calmant.

Mais non!... mais non!... j'en ai d'autres... les plus beaux partis de France!

CORDENBOIS.

Allez au diable! (Il sort, fond droite, avec mauvaise humeur.

LÉONIDA **.

Je repars à l'instant... rendez-moi ma robe!

COCAREL.

Attendez donc!... celui-là ne compte pas!.. l'autre celui pour lequel je vous ai écrit... dans une haute position... il est là...

* Léonida, Cocarel, Cordenbois.
* Léonida, Cocarel.

LÉONIDA.

Ah!

COCAREL.

Un jeune homme charmant; je vais le chercher. (Il sort par le fond.)

SCÈNE XII

LÉONIDA, puis COCAREL et BÉCHUT.

LÉONIDA, seule.

Un jeune homme charmant... il va venir... tâchons d'être belle. (Elle se place devant la glace, à la cheminée, et arrange sa toilette.)

COCAREL *, introduisant Béchut par le fond.

Allons! du courage!... la voici!

BÉCHUT, apercevant Léonida de dos.

C'est une belle femme!

COCAREL.

Je vous laisse... soyez éloquent. (Il sort par le pan coupé à droite.)

SCÈNE XIII

LÉONIDA, BÉCHUT **.

BÉCHUT, galamment.

Mademoiselle...

LÉONIDA, à part, mettant la main sur son cœur.

Il est là!

BÉCHUT.

Permettez-moi de bénir le hasard qui me fait vous rencontrer seule dans ce salon isolé...

LÉONIDA, minaudant.

C'est bien le hasard, en effet... (Le reconnaissant et à part.) Ciel! le Monsieur qui nous a interrogés chez le commissaire! (Elle se détourne.)

BÉCHUT.

Qu'avez-vous donc?

LÉONIDA.

Moi... rien.

* Léonida, Béchut, Cocarel
** Léonida, Béchut

BÉCHUT, à part.

L'émotion... Elle est très-belle... mais il me semble l'avoir déjà vue quelque part... (Haut.) Pardon, n'étiez-vous pas aux Italiens, mardi dernier?...

LÉONIDA, se détournant.

Non... ce n'est pas moi. (A part.) Il ne me reconnaît pas!

BÉCHUT.

Mademoiselle, je n'ai pas l'honneur d'être connu de vous... mais je vous connais, moi...

LÉONIDA, effrayée.

Non, Monsieur... vous vous trompez!

BÉCHUT.

Je sais que vous avez donné vos plus belles années à un vieillard chagrin... (A part.) Mais où diable l'ai-je vue?

LÉONIDA.

En vérité... je ne mérite pas!... je n'ai fait que mon devoir... (A part.) Comment m'en aller?

BÉCHUT.

Pardon! n'étiez-vous pas samedi au jardin d'Acclimatation.

LÉONIDA.

Non Monsieur... excusez-moi... mais je suis engagée pour la valse. (Elle passe près de la cheminée en cherchant à gagner le fond.)

BÉCHUT, à part.

Bien sûr je l'ai vue quelque part... et il n'y a pas long-temps.

SCÈNE XIV

LES MÊMES, CHAMPBOURCY, COLLADAN.

CHAMPBOURCY*, entrant du fond gauche, bas à Léonida

Eh bien! ça marche-t-il?

BÉCHUT, se tournant vers Léonida.

Mademoiselle! (Apercevant Champbourcy.) Ah!

CHAMPBOURCY, le reconnaissant.

Ah! le commissaire! (Léonida sort en courant par le fond, suivie de Champbourcy.)

COLLADAN, entrant du fond à gauche.

J'ai encore soif.

* Léonida, Champbourcy, Béchut.

BÉCHUT, le reconnaissant.

L'autre!

COLLADAN, le reconnaissant.

Le président! (Il se sauve par le fond.)

SCÈNE XV

BÉCHUT, puis COCAREL.

BÉCHUT.

Ce sont eux... toute la bande! Allons chercher la
garde?... (Criant.) A la garde... à la garde!...

LA TOILE TOMBE.

ACTE CINQUIÈME

Une rue. Au fond à droite, un bâtiment en construction fermé par
des planches. A gauche une boutique d'épicier et une autre de
fruitière; à droite, un banc sous la fenêtre, deuxième plan; premier plan un grand panier d'œufs.

SCÈNE PREMIÈRE

TRICOCHE, MADAME CHALAMEL. (Au lever du rideau, le jour
commence à paraître; l'épicier achève d'ouvrir sa boutique. On entend au dehors des sons de trompe.

TRICOCHE *.

Sont-ils embêtants avec leurs trompes!... Je n'ai pas
fermé l'œil de toute la nuit.

MADAME CHALAMEL, ouvrant sa porte et arrangeant ses œufs dans le
panier.

Bonjour voisin...

TRICOCHE.

Ah! Madame Chalamel... je suis le vôtre. (Indiquant le
panier d'œufs.) On voit que le carême commence aujour-
d'hui... l'œuf frais va donner.

MADAME CHALAMEL.

Je réserve ceux-là depuis quinze jours...

TRICOCHE.

Quinze jours!... des œufs frais!... après ça vous ne
pouvez pas les perdre. (Il va à sa boutique.)

MADAME CHALAMEL.

Comme vous dites...

TRICOCHE, nouveau bruit de trompe.

Cristi! qu'ils sont embêtants... (Entrant.) Au revoir, voisine.

MADAME CHALAMEL.

Bonjour, voisin! (Tous deux rentrent.)

* Tricoche, Chalamel.

SCENE II

CHAMPBOURCY, puis COLLADAN et CORDENBOIS.

(La scène reste un moment vide, puis une planche du bâtiment en construction s'écarte, et l'on voit passer la tête de Champbourcy).

CHAMPBOURCY, regardant de tous côtés.

Personne!... je puis me hasarder. (Il enlève une planche et entre en scène par la brèche.) Nous avons passé la nuit là dedans... A peine avions-nous fait vingt-cinq pas, en nous sauvant de chez Cocarel, que nous avons aperçu monsieur Béchut... avec quatre hommes et un caporal... Léonida s'est évanouie. Impossible d'aller plus loin, nous étions en face de ce bâtiment en construction. Alors j'ai eu l'idée... car c'est moi qui ai toutes les idées... mes compagnons de voyage sont d'une nullité!... Cordenbois gémit et Colladan rage... j'ai donc eu l'idée d'introduire ma sœur dans ces planches... Nous l'avons couchée sur un lit de copeaux et sur des habits de maçon que nous avons trouvés... elle dort... et nous avons bivouaqué là... sur des brouettes!

CORDENBOIS, passant sa tête par l'ouverture.

Pst! pst.

CHAMPBOURCY.

Hein?... ah! vous m'avez fait peur!

CORDENBOIS.

Il n'y a personne?

CHAMPBOURCY.

Non!

CORDENBOIS* entrant en scène dans son costume du 4e acte).

Ah! quel voyage mon Dieu!... quel voyage!

CHAMPBOURCY, à part.

Voilà!... c'est son refrain depuis hier soir!

COLLADAN, passant la tête au-dessus des planches et faisant un signal).

Prrrrrit! prrrrrit!

CHAMPBOURCY.

A l'autre, maintenant....

COLLADAN

Peut-on entrer?

* Cordenbois, Champbourcy.

CHAMPBOURCY.

Oui.

COLLADAN,* entrant en scène et éclatant tout à coup. Ils sont tous les trois couverts de plâtre.

C'est une infamie! c'est une horreur! ça ne peut pas durer comme çà! Je proteste!

CHAMPBOURC.

Qu'avez-vous?

COLLADAN.

Je suis las de dormir dans les démolitions, de dîner avc des brioches et de ne pas déjeuner du tout!

CORDENBOIS, plaintif.

Quel voyage! mon Dieu! quel voyage!

CHAMPBOURCY.

Mais soyez donc tranquilles... dès que ma sœur sera réveillée, nous partirons pour La Ferté-sous-Jouarre...

COLLADAN.

Mais avec quoi? puisqu'on ne nous a rien laissé... pas un rouge liard! C'est une infamie! c'est une horreur! Je proteste!

CHAMPBOURCY.

Nous n'avons pas d'argent... c'est vrai; mais Cordenbois en a, lui!

CORDENBOIS.

Moi?

CHAMPBOURCY.

Dame! vous n'étiez pas avec nous chez le commissaire?

COLLADAN.

C'est vrai!

CORDENBOIS.

Permettez... je suis parti avec 114 francs pour mes dépenses personnelles.

CHAMPBOURCY.

C'est plus qu'il n'en faut.

COLLADAN, tendant la main.

Donnez!

CORDENBOIS.

Mais je n'ai plus rien!

CHAMPBOURCY ET COLLADAN.

Comment?

* Cordenbois, Champbourcy, Colladan.

CORDENBOIS.

Ce filou de Cocarel m'a fait déposer cinq louis pour me montrer votre sœur que je vois pour rien depuis vingt ans.

COLLADAN.

Mais les 14 francs?

CORDENBOIS.

J'ai acheté une ceinture.

CHAMPBOURCY.

Mais vous avez votre montre...

CORDENBOIS.

Je l'ai mise en gage pour me procurer ce costume... Je redois même 10 francs à M. Babin... J'avais compté sur la cagnotte pour aller reprendre mes habits...

CHAMPBOURCY.

Nous voilà bien!

COLLADAN, trépignant.

C'est une horreur! c'est une infamie!

CORDENBOIS.

Quel voyage, mon Dieu, quel voyage!

CHAMPBOURCY.

Voyons! quand vous passerez votre temps à geindre ou à rager! nous en avons vu bien d'autres! la Providence est là!

CORDENBOIS, poussant un cri, mouvement de frayeur des autres.

Ah!... dix sous!... dans la poche de mon gilet.

CHAMPBOURCY.

Qu'est-ce que je vous disais? là Providence!

COLLADAN.

Mais nom d'un nom! qu'est-ce que vous voulez faire de dix sous... pour cinq. (Tendant la main.) Donnez-les moi toujours!

CHAMPBOURCY, les prenant.

Du tout!... ils sont à la communauté!... elle va décider ce qu'il faut en faire... qui est-ce qui demande la parole?

CORDENBOIS ET COLLADAN, ensemble.

Moi?

CHAMPBOURCY.

Ah! nous allons recommencer! Cordenbois, parlez! vous êtes le plus vieux!

CORDENBOIS.

Messieurs... quel voyage, mon Dieu, quel voyage!...

CHAMPBOURCY.

Après?...

CORDENBOIS.

Je n'ai pas autre chose à dire.

CHAMPBOURCY, à Colladan.

A vous...

COLLADAN.

Avec les dix sous, je propose d'acheter du pain et des saucisses... voilà !

CHAMPBOURCY.

Eh bien ! après ? quand vous les aurez mangés ?

COLLADAN.

Ah ! Dame !

CHAMPBOURCY.

Remarquez-vous comme vous avez l'intelligence ratatinée...

CORDENBOIS.

Que voulez-vous ? L'adversité me flanque par terre !

CHAMPBOURCY.

Moi, c'est le contraire... je grandis avec les difficultés !... le péril m'exalte !... j'étais né pour les grandes choses... je vais d'abord acheter un timbre à vingt centimes.

COLLADAN.

Mais ça ne se mange pas !

CORDENBOIS.

Il ne nous restera plus que six sous... quel voyage !

CHAMPBOURCY.

Avez-vous confiance en moi, oui ou non ?

COLLADAN.

Allez !

CHAMPBOURCY.

J'écris à Baucantin, notre ingénieux receveur des contributions, je le prie de nous envoyer 500 francs.

CORDENBOIS.

Cinq cents francs !

COLLADAN.

Nous sommes sauvés !

CORDENBOIS.

Mais si on ne lui affranchissait pas la lettre ?...

CHAMPBOURCY.

Je le connais... il la refuserait.

CORDENBOIS.

C'est juste.

COLLADAN.

Je demande à placer une observation... où nous ferons nous adresser la réponse?... nous n'avons pas de domicile, nous sommes traqués, poursuivis!...

CORDENBOIS.

Et comment vivrons-nous d'ici-là?

CHAMPBOURCY.

Enfants de la Ferté-sous-Jouarre! croyez en moi!... Autrefois, quand je venais à Paris, je descendais rue de l'Échelle, *hôtel du Gaillardbois*... je payais grassement la bonne... elle doit se souvenir de moi...

CORDENBOIS.

Eh bien?

COLLADAN.

Après?

CHAMPBOURCY.

Je me fais adresser la réponse de Baucantin à l'*hôtel du Gaillardbois;* nous nous y installons, nous y vivons confortablement, mais sans luxe... et quand les 500 francs arriveront...

CORDENBOIS.

J'irai reprendre mes habits chez M. Babin.

CHAMPBOURCY.

Qu'est-ce que vous dites de ça?

CORDENBOIS.

C'est du génie!

COLLADAN.

Vous êtes un ange!...

CHAMPBOURCY, enthousiasmé.

Je ne suis pas un ange... Je suis doué... voilà tout. Je vais acheter un timbre... de là, j'entre dans un café, je demande une plume, de l'encre...

COLLADAN.

Allons à l'économie.

CHAMPBOURCY.

Ça ne se paie pas!... Vous, tâchez de réveiller Léonida
(Il sort par le fond, à gauche.)

SCÈNE III

COLLADAN, CORDENBOIS, puis BLANCHE et LÉONIDA,
puis TRICOCHE.

CORDENBOIS. *

Comment la réveiller?... Elle ronfle comme un canon.

COLLADAN,

J'ai envie de lui verser de l'eau froide dans le cou.

BLANCHE, ** sortant par la brèche et introduisant Léonida.

Prenez garde, ma tante...

CORDENBOIS ET COLLADAN

La voici!

LÉONIDA, dans son costume de bal du quatrième acte, descend en
scène.

Où sommes-nous?... D'où sors-je?... (Regardant.) Pourquoi ces vêtements de fête... Cette robe de gaze qui...
(Elle bâille.)

COLLADAN à part.

C'est un reste... (Haut.) secouez-vous un peu.

TRICOCHE, qui est entré et a placé plusieurs objets à sa devanture,
à part regardant Léonida et Cordenbois.

Tiens! des masques! (Il rentre en haussant les épaules.)

BLANCHE.

Ah! il pleut!

CORDENBOIS.

Et pas de parapluie! quel voyage!

COLLADAN.

Rentrez dans vos planches... ça ne sera rien...

LÉONIDA.

Oh! jamais! les ouvriers peuvent venir... et s'ils me
trouvaient dans un pareil costume... pour qui me pren-
draient-ils?

CORDENBOIS ***, à part.

J'ai les mollets à la glace! (haut.) Mesdames, j'ai aperçu
hier un magasin... *Aux Villes de France*... il y a écrit
sur la porte : entrée publique... et on est chauffé.

BLANCHE.

Oh! allons-y!... nous regarderons les étoffes.

* Colladan, Cordenbois.
** Colladan, Léonida, Blanche, Cordenbois.
*** Colladan, Léonida, Cordenbois, Blanche.

COLLADAN.

Surtout n'achetez rien!

CORDENBOIS.

Mesdames, je vous offre mon bras... c'est près d'ici.

ENSEMBLE.

AIR *des Mousquetaires de la Reine.*

Tous les trois au plus vite
Allons }
Allez   } non loin d'ici.
Dans ces lieux qu'on visite
Demander un abri.

(Cordenbois, Blanche et Léonida sortent par la droite, entre la
boutique de fruiterie et les planches servant de clôture à la
construction).

SCÈNE IV

COLLADAN, puis CHAMPBOURCY, UN GARÇON DE CAFÉ, puis
TRICOCHE.

COLLADAN, seul.

Je ne l'ai pas dit aux autres... il me reste une brioche.
(Il la tire de sa poche et la mange)

CHAMPBOURCY, entrant du fond gauche et se disputant avec un garçon
de café qui le suit.

A la Ferté-sous-Jouarre, c'est cinq sous!

LE GARÇON.

A Paris, c'est huit sous!

COLLADAN.

Qu'est-ce qu'il y a?

CHAMPBOURCY.

Pour écrire, il m'ont forcé à prendre quelque chose...
j'ai demandé un verre d'eau sucrée... c'est cinq sous. -

LE GARÇON.

Huit sous!

COLLADAN, bas à Champbourcy.

Allons' payez-le...

CHAMPBOURCY, bas.

Impossible! j'ai acheté un timbre!

COLLADAN.

Ah! bigre!

* Colladan, Champbourcy, le Garçon.

CHAMPBOURCY, au garçon.

Voulez-vous six sous?

COLLADAN, à part.

Notre tout!

LE GARÇON.

Quand on a pas d'argent, on ne consomme pas!

CHAMPBOURCY.

Soyez poli!... je vous ferai voir qui je suis! (bas à Colladan.) Appelez-moi commandant!

LE GARÇON.

Soyez le grand Turc si vous voulez... mais payez-moi

CHAMPBOURCY.

Soit.... suivez-moi jusqu'à mon hôtel...

COLLADAN, à part.

Il est pétri d'idées...

LE GARÇON.

Est-ce loin?...

CHAMPBOURCY.

Rue de l'Échelle... hôtel du Gaillardbois.

LE GARÇON.

Ah! vous demeurez hôtel du Gaillardbois, vous?

CHAMPBOURCY.

Inévitablement!

LE GARÇON.

Laissez-moi donc tranquille!... il est démoli depuis
douze ans!

CHAMPBOURCY, à Colladan.

Sapristi! j'ai mis ma lettre à la poste!

COLLADAN.

Cinq cents francs de perdus!...

LE GARÇON.

Tenez! vous n'êtes que des faiseurs de dupes!

CHAMPBOURCY, furieux.

Polisson!...

COLLADAN.

Attendez... je vais l'arranger...

(Champbourcy veut se jeter sur le garçon, mais Colladan exas-
péré le fait pirouetter et prend sa place; le mouvement brusque qu'il
imprime à Champbourcy le fait tomber sur la devanture de l'épicier
dont il casse un carreau *.)

TOUS.

Ah!

* Champbourcy, Colladan, Le garçon.

TRICOCHE, sortant vivement de sa boutique.

Un carreau cassé... c'est trois francs cinquante !
(Le garçon rejoint Tricoche, ils restent un plan au-dessus.)

CHAMPBOURCY *, attéré.

Bien... deux créanciers...

SCÈNE V

LES MÊMES, SYLVAIN, puis MADAME CHALAMEL.

SYLVAIN **, entrant par le fond à gauche.—Sa mise est débraillée.—
Il est très-gris et chante à tue-tête.

> « Tiens, voilà mon cœur,
> « Ah !
> « Tiens, voilà mon cœur !

COLLADAN, le reconnaissant.

Mon fils !... nous sommes sauvés...

CHAMPBOURCY, au garçon et à Tricoche.

Vous allez être payés...

SYLVAIN.

Tiens ! papa ! (Il veut l'embrasser.)

COLLADAN.

Donne-moi ton porte-monnaie... (Fouillant dans une de ses
poches d'habit.) Un faux nez !

CHAMPBOURCY, qui a fouillé dans une autre poche de gilet.

Voilà le porte-monnaie !... (l'ouvrant.) Deux sous !

COLLADAN.

Pas plus !

CHAMPBOURCY, payant le garçon.

Deux et six font huit... Tenez, maroufle ! (Le garçon sort.)
Voilà toujours une dette éteinte !

TRICOCHE

Eh bien ? et moi ?

CHAMPBOURCY

Attendez ! que diable !... si vous croyez que c'est facile !
(Il feint de chercher dans ses poches.)

COLLADAN à Sylvain.

Ah ! ça... comment n'es-tu pas à Grignon ?...

* Chambourcy, Colladan, Tricoche, le Garçon, en-dessous.
** Champbourcy, Sylvain, Colladan.

SYLVAIN, très-gris.

Grignon? J'y ai dit bonsoir!... Je veux être garçon de café... j'ai une place au *Bœuf à la mode*...

COLLADAN.

Il est gris!... Je vais lui flanquer une danse!

SYLVAIN.

J'ai encore soif... (Appelant.) Garçon! une chope!... (Colladan le prend, le fait pirouetter et l'envoie tomber sur le panier d'œufs, qu'il casse.)

TOUS.

Ah!

MADAME CHALAMEL, sortant vivement de sa boutique.

Mes œufs!... des œufs tout frais!

COLLADAN.

Je vous en enverrai d'autres...

MADAME CHALAMEL.

Du tout... c'est 25 francs!

CHAMPBOURCY.

Bien! deux créanciers!

SYLVAIN, à la fruitière.

Ne pleurez pas, la vieille... venez chez moi, je n'ai pas le sou, mais je vous donnerai un fauteuil... (La fruitière va rejoindre l'épicier.)

COLLADAN [**].

Chez lui!

CHAMPBOURCY.

Il a un domicile!

COLLADAN.

Nous sommes sauvés... nous vendrons ses meubles... (A Sylvain [***].) Où demeures-tu?

SYLVAIN, gris.

Dans une maison... (Cherchant à se rappeler.) Attendez... il faut passer un pont...

CHAMPBOURCY.

Le pont des Arts?...

SYLVAIN.

Non.

COLLADAN.

Le Pont Neuf?...

SYLVAIN.

Non... c'est le n° 118... mais je ne me rappelle pas la rue...

[*] Champbourcy, Colladan, Mad. Chalamel, Tricoche derrière.
[**] Champbourcy, Colladan, Sylvain.
[***] Champbourcy, Sylvain, Colladan.

COLLADAN *, le bousculant et le faisant passer.

Butor!

CHAMPBOURCY.

Animal!

SYLVAIN.

Je ne suis pas à mon aise! (Il va s'asseoir sur le banc qui est devant la fruitière et s'y endort.)

(On entend des cris dans la rue.)

SCÈNE VI

LES MÊMES, CORDENBOIS, LÉONIDA ET BLANCHE.
(Ils entrent en courant du même plan de leur sortie).

CHAMPBOURCY et COLLADAN.

Qu'y a-t-il?...

CORDENBOIS. **

Ce sont des gamins... ils me poursuivent en criant : Voilà le marquis! à la chien-lit! (Il remonte).

LÉONIDA.

Et *aux Villes de France*, le commis m'a dit : Madame, le carnaval est passé, rentrez chez vous!

CORDENBOIS ***.

Quel voyage, mon Dieu! quel voyage!

TRICOCHE, à Champbourcy.

Ah! ça, est-ce pour aujourd'hui, oui ou non?...

BLANCHE.

Que demandent ces gens?

TRICOCHE, à Champbourcy,

Mon carreau.

MADAME CHALAMEL, de même.

Mes œufs!

CHAMPBOURCY.

C'est vrai! je les ai oubliés. (Il recommence à fouiller dans toutes ses poches. Colladan l'imite). Comment sortir de là? (Tout à coup, en regardant Léonida.) Ah! nous sommes sauvés!

COLLADAN.

Encore!

* Champbourcy, Colladan, Sylvain.
** Champbourcy, Léonida, Cordenbois, Blanche, Colladan (Sylvain sur le banc).
*** Champbourcy, Léonida, Blanche, Colladan, Cordenbois (Sylvain sur le banc).

CHAMPBOURCY, montrant Léonida.

Elle a ses boucles d'oreilles! on lui a laissé ses boucles d'oreilles!

COLLADAN,

Faut les vendre!

CORDENBOIS.

Hein? (Il remonte).

CHAMPBOURCY.

Je sais ce que tu vas me dire... C'est un souvenir de Cordenbois .. ton compère...

LÉONIDA.

Ce n'est pas cela... mais!

CHAMPBOURCY, à Léonida.

Donne toujours... je cours chez le premier bijoutier

CORDENBOIS *.

Arrêtez! c'est inutile!

TOUS.

Pourquoi?

CORDENBOIS, très-gêné.

Mon Dieu! je ne sais pas comment vous dire ça... c'est du faux!

TOUS.

Du faux!!!

LÉONIDA.

Ah! le pleutre!

COLLADAN.

Le rat!

CHAMPBOURCY.

Le cuistre!

CORDENBOIS.

Ce n'est pas ma faute... dans ce moment-là, j'étais gêné... je venais de perdre une forte partie de sangsues...

CHAMPBOURCY.

Ah! Monsieur! donner de faux diamants à une femme!... je crois que le duc de Buckingham n'eût pas fait cela...

CORDENBOIS.

Dame!... il n'avait pas perdu de sangsues... (A part.) Je m'en suis bien tiré!

TRICOCHE, s'approchant.

Ah! ça, nous ne pouvons pas perdre notre journée à vous attendre!

* Champbourcy, Cordenbois, Léonida, Colladan, Blanche, Sylvain sur le banc.

MADAME CHALAMEL.

Payez-nous!

CHAMPBOURCY et COLLADAN.

Attendez... (Ils recommencent à fouiller dans toutes leurs poches.)

TRICOCHE.

Oh! nous en avons assez... je vais chercher monsieur Béchut. (Il se dirige, avec madame Chalamel, vers le fond; tous le suivent.)

TOUS, effrayés.

Béchut!

COLLADAN.

Le président!

CHAMPBOURCY.

Mais non, ma brave femme!...

SCÈNE VII

LES MÊMES FÉLIX.

FÉLIX, entrant par la droite et les apercevant.

Ah! je vous trouve enfin!

TOUS.

M. Félix!

COLLADAN *.

Nous sommes sauvés!

CHAMPBOURCY, vivement à Félix.

Mon ami, ma fille est à vous?... Avez-vous de l'argent?

FÉLIX, remerciant.

Ah! Monsieur...

CHAMPBOURCY, énergiquement.

Avez-vous de l'argent?

FÉLIX.

Oui!

TOUS.

Il en a!

CHAMPBOURCY.

Payez ces drôles... vingt-cinq francs à cette femme... trois francs cinquante à cet homme.

FÉLIX.

Je ne comprends pas... mais je paie... (Il paie Tricoche et Madame Chalamel qui entrent dans leurs boutiques.)

* Cordenbois, Colladan, Félix, Champbourcy, Léonida, Blanche, Sylvain sur le banc.

CORDENBOIS *.

Quelle chance de vous avoir rencontré !

FÉLIX.

Je vous cherche depuis hier... dans tous les monuments... Cette nuit, je suis allé au bal de l'Opéra, espérant vous y trouver...

BLANCHE, à Félix.

Et vous en sortez à neuf heures?

FÉLIX.

Oh! non... je sors de chez le commissaire.

TOUS.

Comment ?

CHAMPBOURCY.

Lui aussi !

FÉLIX.

Il faut vous dire que cette nuit, dans un couloir, je me suis trouvé face à face avec mon voleur...

TOUS.

Quel voleur ?

FÉLIX.

Celui qui m'avait pris ma montre... hier, sur le boulevard...

CHAMPBOURCY, étonné.

Tiens !

FÉLIX.

Je l'ai fait arrêter... mais il n'a pas pu me la rendre, vu qu'il l'avait jetée dans le parapluie d'un imbécile qui regardait les gravures.

CHAMPBOURCY.

Dans le mien! C'était moi!...

TOUS.

C'était lui !...

COLLADAN.

Ah! cette fois nous sommes sauvés !

CHAMPBOURCY.

Notre innocence sera reconnue !

CORDENBOIS.

On nous rendra la cagnotte.

CHAMPBOURCY **.

Mon ami, je vous donne ma fille...

* Cordenbois, Félix, Champbourcy, Colladan, Léonida, Blanche, Sylvain.

** Cordenbois, Félix, Blanche, Champbourcy, Colladan, Léonida.

FÉLIX, remerciant.

Ah ! Monsieur !...

CHAMPBOURCY.

Avez-vous de l'argent ?

FÉLIX.

Toujours !

CHAMPBOURCY.

Très-bien... nous allons commencer par déjeuner...

SYLVAIN, se réveillant.

Moi ?... Je veux être garçon de café !

COLLADAN *, allant à lui.

Puisque tu veux servir... tu serviras les vaches ! Je te remmène à la Ferté-sous-Jouarre.

CHAMPBOURCY.

Après déjeuner, nous nous présenterons le front calme devant M. le commissaire.

COLLADAN.

Je lui redemanderai ma pioche.

CHAMPBOURCY.

Il nous rendra la cagnotte, et cette fois nous la mangerons à la Ferté-sous-Jouarre...

CORDENBOIS.

Oui... une bonne dinde truffée !

FÉLIX ET BLANCHE.

Non... un bal !

COLLADAN.

Non... la foire de Crépy !

LÉONIDA.

Une visite au camp de Châlons !

CHAMPBOURCY.

Voyons ! du calme... Nous irons aux voix... Qu'est-ce qui demande la parole !...

TOUS.

Moi !... moi !...

CHAMPBOURCY.

Nous déciderons ça à la Ferté-sous-Jouarre. Allons toujours déjeuner, et la main aux dames.

TOUS.

Allons déjeuner !

* Cordenbois, Félix, Blanche, Champbourcy, Léonida, Colladan, Sylvain.

CHŒUR.

Les ennuis, les soucis
Sont terminés, j'espère...
Sans regrets on peut faire
Ses adieux à Paris.

PARIS. — IMP. DE L'ÉTOILE, BOUDET, DIRECTEUR, RUE CASSETTE, 1.

www.ingramcontent.com/pod-product-compliance
Lightning Source LLC
Chambersburg PA
CBHW060608100426
42744CB00008B/1364